行者系列

赵世瑜 主编

『乡校』记忆

历史人类学训练的起步

北京师范大学出版集团
BEIJING NORMAL UNIVERSITY PUBLISHING GROUP
北京师范大学出版社

目录

2

【浙江遂昌】

◎ 序 一

差不多每一届的历史人类学高级研修班我都参加了。每一次都可以跟很多学员在历史现场讨论历史，是件很高兴的事。非常感谢老师、学员、老百姓、地方干部以及许多朋友给我这些机会。但是令我印象最为深刻的还不是研修班，可能是比研修班早一点的田野交流。

我所说的田野交流是开始田野研究以后，在各个不同地点做研究的学者，可以让不在当地做田野的学者有一点当地田野的经验。学者最简单的交流，依靠的是出版和学术讨论。但是，一篇文章，甚至一本书，都不容易表达田野的观感。正如我们常常说，跑过田野再回头看材料，材料的内容就好像完全不一样了。同样，跑过他人的田野，回头读他们的著作，聆听他们的学术报告，整个著作、报告就好像活了起来。

这样的田野,真的不是旅游。不是一个导游以娱乐的立场带领您参观,而是一个在田野做过研究的人把研究的结果在田野现场摊开给您看。说来也奇怪,这个活动对邀请他们来田野共享研究思路的人也非常有作用。

进一步,就不只是互相访问田野地点,而是一起试图发现新的田野研究。与一群朋友共同发现田野项目是个在田野做头脑风暴(brain storming)的经验。就是这个经验,既让习惯跑田野的人感觉乐趣无穷,也令头一次跑田野的人(我们田野班的大部分学员吧)叫苦连天。不用我说,在田野讨论跟在课堂上课很不一样,分别之处在于田野没有课本。听了当地人的一席话,找到一块碑或一本族谱,看到一座建筑物,都可以大做文章。在田野,我们不只在"收集资料",我们通过从观察到思考之间的冲击提出疑问和假设(我们学员似乎喜欢叫它"感受"),这些疑问和假设再引导我们重新思考书本的记录。当然,马上提出的假设是很初步的,甚至是错误的,但是我们的认识就是从推敲这些假设积累来的。

印象中我曾多次在田野中碰到新世界——代县杨氏祠堂里面的四块碑,高平圣姑庙的古建筑与它的整个格局,在不到两分钟的短暂停留中在雷州雷祖祠的碑廊里看到的一块碑刻(我记得突然明白了它的重要性,又跑回去拍了小部分,整个团队在车上等着我归队),湘西的老司城,太湖边上庙港的徐家公门，等等。在庙里面，神像好像在问我：你认为我在这里是干吗的？我对它们的回应是：那么我又在这里干吗呢？我好像一辈子都在回答这两个问题。

（科大卫，香港中文大学历史系教授）

◎ 序 二

陈春声

三十六年前硕士毕业留系任教，在中山大学历史学系讲的第一门课是"史学概论"。记得讲到德国史学家兰克（Leopold von Ranke）时，根据读过的几篇翻译过来的文章获得的印象，似懂非懂地强调，"兰克学派"之所以成功，是因为兰克多年如一日地坚持办研修班（seminar）。我当时绝对不会想到，有朝一日我们这群朋友也开办起所谓"高级研修班"，而且一办就是十多年。昨晚用了差不多一个通宵，囫囵吞枣地看完了这个集子的三十余篇文章，许多已经模糊的记忆又被唤醒了，只是被唤醒的记忆又似乎与集子里的描述不尽相同。无论如何，先要感谢各位作者的珍惜与辛劳，更得对"始作俑者"世瑜教授不懈的督责与唠叨表示深深的敬意。

当年与这个集子里屡屡提到的那些老师商量举办这个研修班时，既有培养"后浪"，寻找年轻同道的意愿，也有以田野工作与文献解读相结合的方法，多了解一点中国不同地方历史文化的想法。正如多篇文章里提到的，整个过程中，老师们都大道自然地显露了其远非"善良之辈"的那一面。其实，学员们不在场的时候，老师间的争执与冲突可能更为激烈，有时会吵到几乎"崩盘"的地步。日前为自己的一本书写后记，其中是这样描述我们这群人的关系的："一起进行田野调查、文书解读、问题研讨和学生指导的过程，坦荡而较真，深刻且辩证，除了学问上的交锋冲突与思想上的得益之外，到了写'后记'的时候，记起的更多的是一种因无私而享受的同伴情谊。"这样的表述，读起来有点矫情，但自以为还是基本属实的。

从 2003 年到 2018 年，十二期研修班的行迹涉及北京、河北、河南、山西、江西、广东、福建、贵州、湖南、陕西、浙江等十余省市，还有新加坡和马来西亚的华人社区。从大家的描述中不难看出，我们这个幅员广阔的国家真的是千姿百态，让不同地缘、学缘背景的师生切身体验历史文化的地域差异，这正是研修班的初衷之一。但还是需要强调这样的理解：大一统中国历史发展的内在一致性，实际上是以其相互密切联系的区域间巨大的时空差异为前提的。我多年田野工作的经验是，判断一个地方是否理解和接受王朝的意识形态，不在于这个地方根据朝廷的法度对本地的风俗习惯做了多少实质性改变，而在于当地的读书人和士绅阶层，在多大的程度上能够自觉地、自圆其说地将本地的文化传统和风俗习惯解释得符合朝廷的礼法。只有培育出这样的辩证思维，才算是对研修班的要旨有所感悟。

所谓"华南学派"是虚构的，也不要把"历史人类学"之类的标签太当真，说实在话，这个集子显露出来的取向有点太"内卷"了。我们还是要知道，学术传承的本质在于"叛师"。跟着老师入门，就要马上思考老师那代学者错在哪里，最后做得跟老师很不一样。"后浪"把"前浪"拍死在沙滩上，人家开始羡慕嫉妒你了，也就顺便记住了你的老师的工作。这就是所谓"学术传承"，不"叛师"就对不起老师。

是为序。

2020 年 10 月 11 日于
广州康乐园马岗松涛中

（陈春声，中山大学历史系教授、中山大学党委书记）

河北蔚县

◎ 历史人类学高级研修班开启的岁月

陈瑞赞

　　一个偶然的机会，我得以参加首届历史人类学高级研修班（2003 年），荣幸地被载入"黄埔一期"的花名册。故事还要从我与张侃教授的认识说起，因为我能有这一段学习经历，正是他一手促成的，而"黄埔一期"也是他经常调侃我的噱头。

　　1998 年，我从厦门大学中文系毕业后进入温州市图书馆，被分配到古籍部当管理员。温州市图书馆古籍部的藏书比较丰富，尤其是地方文献，经过几代人的积累，已经相当完整。刚刚从学校教科书中摆脱出来，这些木刻或手写的历史文献让我感到新奇无比。在古籍部的五年，我对地方历史文献从陌生到熟悉，逐渐产生了兴趣。古籍部读者不多，工作轻松，我在整理书库、制作目录之余，一有时间便翻阅、抄录地方历史文献，包括一些家族谱的材料。我做这些事并没有明确的目的，也没想过拿这些材料派什么用场。

张侃和我是厦门大学的校友。他比我高几届，我本科还没读完，他已经取得硕士学位，并留校任教了。他也是温州人。温州籍的厦大学生组织了一个同乡会，时常会举办活动。我不记得我跟张侃有没有在同乡会的活动中见过面，但真正认识，还是在我到图书馆工作后。那次他回老家，顺便来图书馆。我带他参观馆藏古籍，他对我抄录的东西也挺感兴趣。好像就在那次见面后不久，我接到了他的电话，问我是否有兴趣参加历史人类学高级研修班。我虽然对什么是历史人类学毫无概念，但直觉地意识到这是一个难得的学习机会，便答应下来了。单位领导也很爽快地准了我的假。

研修班的主体是高校的老师和硕博士研究生，非高校系统的学员好像只有三个。除我之外，还有王宗勋和李东东。王宗勋是贵州锦屏县档案馆的馆长，李东东是山西代县雁门关风景区的工作人员。王宗勋整理锦屏文书，李东东搜集杨家将故事，之前都曾与历史人类学的老师有过合作。跟他们比起来，我是更纯粹的"菜鸟"。所以当研修班要求每个学员做汇报时，我简直不知所云。但我还是试图努力去理解历史人类学的方法和意义，在我看来，无论是对历史的观察还是解释，历史人类学的理论视角都是十分有效的。

研修班先在北京师范大学进行授课和讨论，之后到河北蔚县进行田野调查。在蔚县，我们白天跑田野，晚上召集讨论，有时候会讨论到很晚。在讨论会上，几位老师会结合白天的调查，提出需要引起注意的问题和要点。学员中表现比较突出的，我记得有香港城市大学的卜永坚。在考察一个家族墓地时，他画了完整的墓图。讨论时他拿出墓图进行分析，受到了郑振满老师的表扬。与课堂相比，田野让我对历史人类学的研究对象、研究方法以及研究成果有了更具体、更深入的了解。第一次接触到中国北方的农村，给我留下了深刻的印象。中国历史的多样性和区域特征在书本上不大容易体会，但只要比较过南北农村的差异，就一点也不难理解了。

在田野中发现历史，有很多惊喜，但更多的是辛苦。在北方城村，我从一段颓败的土墙上往下跳，落地时打了一个趔趄，"嘶"的一声，右脚上的皮鞋鞋面绽开一片，整只脚都露到外面来了。村子附近没有商店，只能找个塑料袋把皮鞋草草捆扎一下，跛拉着跑完上午的调查行程。中午回到县城吃饭时，赶紧上街买了一双运动鞋。那双皮鞋皮子很薄，穿在脚上轻巧舒适，但容易破，在高强度行走时反而成了缺点。不过，穿着皮鞋跑田野，本来就不是正确的操作，只能说明我不懂田野工作的规范。

另一件尴尬的事，发生在餐桌上。那天中午，大家在一个村子用餐。那个地方很偏僻，连简陋的小饭馆也没有，由事先联系好的一个村民给大伙儿煮了一筐玉米。我是南方人的肠胃，只认米饭。虽然平时饭量并不大，但奇怪的是，如果正餐没有米饭入肚，好像吃多少都不管饱。尽管当地的玉米棒子又粗又长，玉米粒颗颗饱满，但啃完一根之后，我的肚子仍感觉空空如也。于是我随手从筐里又拿了一根，坐我旁边的同学（已经忘记是谁了）瞄了我一眼，语气略显生硬地说："你吃这么多？每人就一个玉米棒子！"可是我已经把玉米啃了一口，再放回去也不合适，只好满脸羞愧地继续啃完。幸好玉米的数量并不是严格按人头准备的，尽管我多吃了一个，好像也没有造成别人缺食的严重后果。但那顿午餐既让我体验到了田野工作的艰苦，也给我这个没有经验的"菜鸟"提了个醒——在田野调查中一定要注意团队的规矩和纪律。

当然，规矩和纪律并不影响团队的活泼气氛。刘志伟、郑振满、陈春声、赵世瑜诸位老师，思维活跃，不拘一格，身上时刻散发着风趣和幽默。赵世瑜老师对蔚县很熟悉，一路上给我们做讲解，在他身旁，总是围着一堆人。各位老师都喜欢逗乐，这也许是他们在紧张工作中放松身心的一种方式。就连不苟言笑的科大卫老师，听说如果任务完成得顺利，也会怡情小饮，甚至于引吭高歌。

与历史人类学的接触，更新了我的文献概念。回来之后，我就向单位领导递交了一份收集温州地方文献的工作计划，

科大卫、郑振满在温州市图书馆

郑振满、宋怡明、张侃在基层做访谈

历史人类学高级研修班开启的岁月

建议对包括家谱、碑刻、契约文书及民俗资料等各种类型的民间文献进行调查和征集。这项工作后来一直在进行，特别是配合《中国家谱总目》《浙江家谱总目提要》以及《温州通史》等的编撰，温州市图书馆的民间文献收集工作不断取得进展。目前，馆藏家谱已经超过三千部，契约文书有六百多份（页），宗教科仪书有二百多册。2010年，在我的建议下，馆里创办了《温州历史文献集刊》。2014年，我们将《温州历史文献集刊》第四辑的编纂任务委托给厦门大学历史系的团队，这就是于次年出版的《清代民国温州地区契约文书辑选》。2017年，中华书局影印出版了《温州市图书馆藏日记稿钞本丛刊》，馆藏二十九部清代民国日记从此走出库房，进入了学者的案头。

研修班建立的学术联系，后来仍在延续。2005年6月，十多位历史人类学学者到访温州，参观了温州市图书馆收藏的家谱、日记手稿、民国时期的档案材料和地方杂志等精品。看到如此丰富的地方文献资源，陈春声老师惊呼："你们这地方太有魅力了！"郑振满老师幽默地说："在你们的书库里，只要一伸手，就能抓一个博士论文的题目。"科大卫老师恨不得把所有的族谱都翻一遍，当被提醒必须去赶航班的时候，他显得很无奈，随后对我感叹："你们这里是个宝库！"根据我保存的照片，那次温州之行还有赵世瑜、鲁西奇、萧凤霞（Helen Siu）、蔡志祥、程美宝等各位老师。同年11月，中山大学历史人类学研究中心举办第一期民间文献高级研修班（这是邀请函上的名称，开班时名称改成了民间历史文献研讨班），我又得以在美丽的中大校园徜徉了十多天。两个"高级研修班"，我都是首期学员。恐怕在历史人类学的学员中，拥有双"首期"资历的也不会太多吧！

2008 年暑假，郑振满老师和宋怡明老师来温州调查卫所，张侃、林昌丈和我三位温州人做"地陪"。我们在金乡卫城、蒲壮所城一带跑了两天，还去林昌丈的老家舥艚——一个海滨渔村——参观了阴均陡门遗址，并在运河里坐船走了一段水路。那时候我还不会开车，于是找了一个记者朋友当司机兼向导。这位记者朋友车技高超，办事干练，颇得郑老师的欣赏。我一直以来有一个感受，即历史人类学学者对文献的重视一点也不亚于传统学者。那么，是否可以认为历史人类学仍然具有与传统史学一样的基础呢？在这次陪同中，我最大的收获是听到了郑老师的解答："无论用什么方法，历史研究最终还是要落脚到文献。"

2012 年 12 月，我和温州市图书馆谢智勇馆长一起参加了厦门大学历史系举办的第四届民间历史文献论坛。在这次论坛召开之前，《温州通史》编撰工程刚刚完成文献收集工作。这项工作由该工程提供经费，由温州市图书馆负责实施，以复旦大学、厦门大学、苏州大学、华东师范大学等多所高校历史系的硕博士研究生为主力，带领温州职业技术学院的大学生志愿者分赴永嘉、乐清、洞头、文成、瑞安、平阳、苍南、泰顺等县（市）的乡村，进行实地调查，收集族谱、契约文书、宗教科仪书、金石碑铭、唱本剧本、日用杂书、日记、书信、诉讼文书、善书、药本、路程书等各类民间历史文献，在较短的时间（一个暑期）里取得了丰富的成果。谢馆长在论坛上做了发言，介绍了相关情况。

从首届历史人类学高级研修班开班到现在，时间已经过去了将近二十年。研修班招收非高校系统的学员，大概是为了提高地方研究人员的专业能力，为历史人类学培养合格的地方合作者。从研修班回来，我也确实将历史人类学的一些理念与图书馆的工作结合起来，在民间历史文献的收集整理方面做了一点事情。就我个人的体会而言，温州确实如陈春声老师所说，是一个"有魅力"的地方，尤其是在区域史的研究中，更是具有独特的价值。近年来，历史学界对温州的关注有所加强，出现了一批颇有分量的研究著作。但就历史人类学来说，温州并没有成为主要关注点。我私下里一直有个愿望，就是能够在温州举办一期历史人类学高级研修班。

现在回顾起来，参加首届历史人类学高级研修班对我个人来说是具有学术启蒙意义的。在大学本科阶段，主要的学习任务就是读课程、拿学分、顺利毕业，与老师的接触并不密切，对学术的理解更是仅限于一个空洞的概念。在研修班上，跟各位老师朝夕相处，而且同学也都是已经踏入学术殿堂的硕博士研究生，学术的理念和方法渗透于无形，对于促成个人的学术自觉，其好处是显而易见的。正是在学术自觉被激发之后，我对学术规范和学术传承开始有了明确的意识。

2010 年，我以同等学力考入南京大学，攻读古代文学专业的博士学位。我把明清文学作为研究方向，而历史人类学对明清史的解读是最有效的，我在理解明清文学的历史背景时，往往会自觉不自觉地受到历史人类学观点的影响。虽然文学与历史有专业的区别，但我研究文学时的文献意识，仍会带有历史人类学的色彩，区域的眼光、民间的眼光给我提供了不同的角度，也让我在分析文献时多了一份比较的意识。

光阴似箭，21 世纪之初由首届历史人类学高级研修班开启的岁月，转眼已经进入了 20 年代。我从青年迈入了中年，从温州市图书馆调到了温州大学，生活悄无声息地发生了变化。个人资质平庸，性情懒散，虽然一直保持着对学术的兴趣，但至今也未能有所成就，所以回忆往昔，深感有愧于师友的指引和教导。当然，如果以后还能有机会参与历史人类学的学术活动，或者为历史人类学的学术事业做点力所能及的事，我将会备感高兴！

（陈瑞赞，温州大学研究员，第一届学员）

◎ 那些岁月

如果说人生一定要找出几个最值得回忆的片段，我想大多数人可能会想起"洞房花烛夜，金榜题名时"的喜悦时刻，或者"执手相看泪眼，竟无语凝噎"的生离死别，我亦不能免俗。人生确实有太多悲欢离合值得回忆了！但是，对于搞历史人类学研究的学者来说，难免有一些永远无法磨灭的田野镜头，时常随着资料的翻阅，随着同行的说笑，浮现在眼前。

我永远无法忘记，1997年某个夏夜我在白鹭古村，被乡长当成盗墓贼，说要叫人抓我的情形；永远无法忘记，1999年某个夜晚在流坑古村，我等一群学生被老师拷问得浑身冒汗，惊慌失措的情形；永远无法忘记，2003年7月我带着学生在渼陂古村一个破败的养老院里，大水漫到一楼，我挽着裤腿，和学生们手拉手，仓皇逃离的情形；永远无法忘记，2009 年在江西万载喝醉酒后的我呼噜连天，被吴滔使坏，将录像传到网络上，第二天被当众播放的情形；永远无法忘记，2012 年 5 月的一个夜晚，在一个被我称为"长得很像欧阳修"的欧阳修后人猛烈灌酒之下，科大卫老师和贺喜为了保护我，带着我赶紧撤退的情形。不过，要说最有趣、最难忘的，恐怕还是 2003 年在河北蔚县举办的首届历史人类学高级研修班。

现在回想起来，2003 年河北蔚县的历史人类学高级研修班之所以难忘，主要是因为这个班发生了太多出人意料的事情了。印象最深的有两件事：一是"食物中毒"（其实是因为吃多了生冷油腻之物而闹肚子）事件，本人深夜带着当时的学员、现在的著名学者温春来教授去看病；二是堪称历史人类学经典掌故、经久流传的"科大卫老师怒摔相机"事件。当然，对于我来说，更重要的是，一直在南方乡村考察的我第一次近距离地认识了北方乡村社会，明白了一个非常重要的道理，就是文献上同样记载的一件事，南方和北方在田野中可以完全不一样。例如"做宗族"，在南方可能是编族谱、建祠堂、搞族田，而在北方可能是修坟墓、画祖先图像、拜祖先。

一到河北蔚县，入住县政府招待所，中午就上了北方人爱吃的各种凉菜，其中印象深刻的是肉皮冻，肥而不腻，口味甚佳。一众学员们大多是苦出身，有肉吃自然欢快，不知谁还酸腐地称赞道："此地民风淳朴，风物甚佳。"此句出来后，一直被我等学员使用至研修班结束。只不过，后半句由于"食物中毒"事件，被兄弟姐妹们略做了改编而已。记得那天按照惯例是白天考察，晚上开会，深夜才能睡觉。那个时候的科大卫、陈春声、刘志伟、赵世瑜等老师还很年轻，精力充沛，一定要把学生们"折磨"到精疲力竭才肯放手，要命的是，第二天一大早还要起来。

　　我被安排和温春来兄一个房间，那天晚上我睡得正香呢，突然房间灯光亮了，只见春来兄痛苦地坐在我边上说肚子疼。我一开始以为只是小问题，就礼节性地问了一句便倒头又睡了。半睡半醒之间突然想到，以春来兄强壮的体魄，如果不是问题严重，应该不会半夜起来。于是，我赶紧问他要去医院吗，结果，春来兄立即答应，说要去医院。我赶紧架着揉着肚子的春来兄出了房间。2003年时，本人体格瘦小，春来兄略壮，才架了一会儿，我就觉得受不了了。我又折回，敲开了对面何文平兄的房间，我和文平兄齐心协力架着春来兄往蔚县人民医院深一脚浅一脚地走。好不容易到了医院，结果急诊科竟然没人，我和文平兄只好到处敲门，乱喊乱叫，终于从药房还是别的什么地方出来一个女医生。女医生睡眼蒙眬又不失麻利地给春来兄上了吊针（后来春来兄坚决否认他打了吊针，认为只是服药，他说他从小到大都没打过吊针，由此可见，所谓亲身经历的回忆亦不十分可靠）。吊上了针的春来兄，马上不哼唧了，安静下来。只是，打完针（或按春来兄的说法，吃过药了），天也差不多亮了。后来才知道，那天晚上好几人"食物中毒"，只是他们没有春来兄那个福气，有我这个尽心尽力的师兄兼室友半夜送他去医院而已。

我在这里极力"表功"自己对春来兄所谓的"救命之恩"，只因我和春来兄系同门师兄弟，自本人1998年进入中山大学历史学系读博士以来，就和他及国信兄、应强兄、智华兄、永升兄、锦新兄等"鬼混"在一起，后来又加上贺喜、谢晓辉和陈丽华等小师妹，自然说话比较随意和夸大。那时候，老师们对我们保持着高压和暴击方式，经常达不到期望就是劈头盖脸一通痛骂。陈春声老师的骂是戏谑式的，经常以开玩笑的方式挖苦。例如，智华兄偶尔流露出了今后要从政的愿望，想当个县长啥的，春声老师看到他的报告不行，就会挖苦："你这样的思考水平，估计县长是当不了了，当个乡长都成问题！"最后，还要拉众兄弟一起陪葬，瞟我们师兄弟们一眼，再来一句："你们这水平连村长都当不了！"

刘志伟老师的骂是冷面杀手式的，经常是话不多，一刀过来，"见血封喉"。例如，鄙人刚发表完关于流坑古村模式的"高见"，感觉有点心得，正爽的时候，刘老师来了一句："黄志繁思考问题的切入点都是错的，整个晚上发言表现最差！"就因为这一句，可怜的我，整个人都不好了，冥思苦想了一个晚上的"切入点"。本着哪里有压迫哪里就有反抗的革命准则，在老师们的高压之下，我们不分年级、不分硕博、不分性别，男女老少全部团结起来，每周固定聚会至少一次，自发聚在一起商量如何和老师展开"有理、有利、有节"的反抗。可以说，像我们的师门一样，众多兄弟姐妹每周固定聚集在一起读书讨论，间或喝酒聊天，亲密无间又嬉笑戏谑的，可能很少吧。想到这里，感慨万千，真的要感谢陈、刘两位老师当年饱含深情又非同凡响的"骂功"，不仅让我们增长了学问，增加了学习动力，更重要的是，还增加了同门之间的感情。

没有想到的是，我和春来兄这种嬉笑戏谑的风格，到了河北蔚县，竟然在一群年轻人中流传开来，而且，由于熟悉中国传统官场文化的卜永坚兄的加入，又多了几分"酸腐"之雅气。2003 年之所以让我难以忘怀，大概就是因为有一伙和我都还属于"年轻人"的兄弟姐妹在一起研修，共同考察，共同研讨，最重要的是"共同挨骂"，真乃人生乐事也。春来兄曾经撰写过一篇极其酸腐的文章《群官谱序》，里面有详细介绍，写得相当生动，然其文玩笑尺度过大，无法摘录，只能简要摘述之。

那时，各位学员皆以官职相称，这个官职大多和各自研究的领域有关联。例如，鄙人研究赣南地域社会，便荣膺"南赣巡抚"之职；卜公永坚，因研究两淮盐业史，自然就是"两淮巡盐御史"了；吴公滔，江南人研究江南，遂称之为"苏松兵备道",然而,他还嫌官小,要我们叫他"两江总督",官瘾太重了;陈公永升,因正在北京大学做博士后研究,众人遂封他一个"国子监祭酒",由于其尚未结婚,于是,他就自称是有史以来第一个未婚的国子监祭酒,其想借机"脱单"的心态昭然若揭;至于何文平,自称原为高明县一匪首,后受招安,膺总兵之职,洗心革面,匪性尽收,改名文平;贺喜实乃一海南"蛮荒之地"的小女子,因一心向学,竟登堂入室,研究起湖南矿匪问题来了,众人勉强封其"偏沅巡抚",然再三对其强调"女子无才便是德",希望其早日辞官归去,相夫教子;另外,还有"国史馆编修"谢公宏维、"陕甘总督"马公建春等人。

"官职"甫定,每每从田野归来,到了吃饭的时候,各位学员鱼贯入席,皆以官职相称,"群官"云集,"黄大人""温大人""卜大人"等称呼此起彼伏,"此地民风淳朴,风物甚佳""此乃太祖高皇帝喜爱之红烧肉""大人胸有成竹,又何忧之有"等酸腐之言不绝于席,欢声笑语,好不快活。历史人类学田野中,现场读碑是最考验人的能力、耐力和反应力的。郑振满老师通常瞟几眼,就能开讲本地故事,即使是对着半块残碑,也能讲出个完整的故事,被封为"碑神"乃实至名归。对于我们这些年轻的学员来说,读碑真是不太容易,由于大家都有"一官半职",遂都自封为"碑职",取"卑职"之谐音也。为了显示对读碑的重视,每日饭前,本人都要向其他学员发问:"吃饭是为了什么?"众"碑职"齐口回答:"吃饭是为了读碑!"然后,我又问:"读碑是为了什么?"众"碑职"又回答:"读碑是为了吃饭!"盖读碑水平不高,可能挨老师骂,吃饭就不开心之缘故也。

然而,所谓快活,其实都是短暂的,甚至可以说是苦中作乐的,因为在历史人类学高级研修班中,到了晚上讨论会的时候,老师们的暴击会让你的美好心情瞬间化为乌有。可以说,自1998年进入中山大学以来,参加过无数次田野考察,去过无数个风景点,但是,唯一真正算得上是旅游的就是科大卫老师怒摔相机的那次。记得那次是要考察塞北的交通,于是,蔚县旅游部门的接待人员就带我们去了当年的商道上考察,商道边上是个大草原,恰好有个旅游项目是骑马,似乎是二十元骑一次,真的很便宜。于是,我们就快乐地骑起来,我虽然在江西等地骑过马,但在大草原上是第一次,还是很兴奋的,而且,我不多久就掌握了如何控制马的方向。正当我准备策马奔腾的时候,记不清是贺喜还是舒萍气喘吁吁地跑过来说:"黄志繁,你还这么兴奋,还不下马,科老师都摔相机了!"吓得我赶紧下马,虽然意犹未尽,但也不敢再骑。

其实科老师因为田野考察浪费时间和经费而发火是习惯性的、经常的。有次在海南考察,记得是考察盐场,当地政府安排了一个海边的盐场,旅游局局长滔滔不绝地为我们讲述盐场风景、旅游收入等，还高兴地宣布要给现场的每位嘉宾送一袋绿色无污染海盐。没想到，科老师当场生气了，愤怒地说浪费时间，还反问局长，既然有这么多时间，为什么上午的祠堂考察时间安排得那么紧张。那个旅游局局长估计没见过这么不通情理的嘉宾，满脸通红，一边溜走一边向边上的领导"投诉"科老师不通人情。那个时候，我已经"混"到了教授，还有点行政职务，比较理解那个局长的心态，遂过去和那位局长打圆场，说了不少好话，还顺便把人家赠送给科老师那份海盐"据为己有"了。还有一次，也是在海南，科老师、贺喜和我三个人在一个镇上发现了一块碑，碑的内容非常丰富，可惜字迹漫漶不清，我们三个人趴在那里，逐字记录。时近中午三点，陪同的镇政府领导忍饥挨饿，非常不能理解一块破碑都能耽误吃饭，过来催促了几次。终于，科老师发火了，愤怒地"怼"那位镇领导："我们是来搞研究的，不是来吃饭的，请不要打搅我们！"更过分的是，有个海南大学七十多岁的老教授，只因带我们去采访了两次海南黎族人民的文面习俗，又遭到科老师的当面批评，说我们不是来搞奇风异俗研究的，不能老在这里浪费时间。后来，晚饭后我郑重地向科老师提议，不能这样发火，人家又不懂我们需要什么，当然这样安排。没想到，科老师欣然接受，当即带着我、张瑞威、贺喜等人到老教授房间道歉。科老师真是可爱而又真性情！

正是在以科老师为领头的这群老师的带领下，我们经历了一次又一次艰难而充满快乐的田野调查，走过了青葱的求学岁月，虽然现在亦无所成，但那些田野中的岁月无疑已经化成人生历程中的年轮，刻画在记忆深处。

（黄志繁，南昌大学人文学院教授、研究生院院长，第一届学员）

◎ 一次终身受用的研修

王宗勋

没有想到，我此生能与历史人类学结上缘。

2000年秋，中山大学副教授张应强先生来到锦屏做田野调查，县里安排我负责接待。当时我在县档案馆工作，开始在民间征集契约文书并尝试整理，因缺少工作经费而十分苦恼。经过与张应强几天的接触和沟通，我们决定合作来做锦屏民间文书。没想到，我们这样的际遇开启了学术界与地方政府合作开展民间文书抢救保护和整理研究的先河。通过张应强的努力，2001年秋，中山大学历史人类学研究中心主任陈春声教授等来到锦屏，与锦屏县人民政府签订协议，合作开展锦屏民间契约等历史文献的征集、整理和研究工作。协议达成以后，我们便全力投入契约等民间历史文献的征集和整理之中。2003年8月，中山大学、北京师范大学、香港大学联合在北京师范大学举办中国首届历史人类学高级研修班，通知我去参加。锦屏县人民政府县长王甲鸿对我参加此次培训很支持，要我去好好学习，把学到的知识用来为即将开展的地方志编纂工作服务。

别开生面的研修

中国首届历史人类学高级研修班安排在北京师范大学兰蕙公寓举办。8月14日下午，我赶到报到。这批学员共有三十人，其中正式学员十六人，非正式学员十四人。正式学员中，除了我和温州市图书馆的陈瑞赞、山西代县旅游局的李东东外，其余都是大学的博士、讲师或副教授，而又以我的年龄最大、学历最低。非正式学员则都是中山大学、香港大学、北京师范大学等高校的在读博硕士研究生。

研修班课程安排十分紧凑。15日上午，研修班开班，美国耶鲁大学教授萧凤霞主讲第一讲"历史人类学的理论与方法"；下午，中山大学教授陈春声和北京师范大学教授赵世瑜合讲第二讲"从传说解读历史——华北和华南的经验"。这一讲给我印象最深的是陈春声教授所说的一段话。他说，中国是一个虚拟的移民社会，大多数人不承认自己是土著人，而是外来移民的后裔。中国有两大人口"策源地"，南方是江西省吉安府泰和县朱氏巷，北方是山西省平阳府洪洞县大

萧凤霞教授做讲座

槐树。是啊，在我们贵州省锦屏以及附近的天柱、黎平等县，就有很多人认为自己的祖先是从江西省吉安府泰和县朱氏巷迁来的。16日上午，中国人民大学人类学研究所所长庄孔韶教授主讲第三讲"田野工作与民族志书写"。下午，英国牛津大学中国研究所教授科大卫和香港科技大学教授蔡志祥合讲第四讲"宗教文书与乡土社会"。17日，组织所有学员考察北京城内的东岳庙、智化寺和白塔寺。18日上午，厦门大学教授郑振满主讲第五讲"民间契约文书的收集与解读"；下午，中山大学教授刘志伟主讲第六讲"族谱——历史学与人类学的对话"。19日上午，清华大学社会学系主任孙立平教授主讲第七讲"关于中国革命的口述史"。

研修班的纪律很严，学习期间不允许擅自外出。每天晚上八点到十一点，还要集中开圆桌会，对白天老师讲课的内容进行讨论，并安排四名正式学员做重点发言（每人二十分钟）。我被安排在18日晚第一个发言，我发言的内容是介绍锦屏民间契约文书。除书面发言外，我还将契约文书的照片散发，并用投影播放贵州电视台李春等刚在锦屏拍摄的锦屏契约文书系列专题片——《契约背后的故事》的素材光盘。我发言结束后，主持人科大卫教授为锦屏契约文书做"广告"宣传，他说："锦屏契约文书非常珍贵，对研究生态问题、民族经济和社会等问题都有很高的价值。锦屏县政府正在做一项非常重要的工作，就是把民间契约文书等珍贵历史文献保护起来。希望大家找机会去锦屏看一下。"

根据安排，8月20日上午，参加研修班的所有师生赶赴离北京二百五十公里的河北省蔚县做田野调查培训，以让学员把理论与实践相结合。去蔚县进行田野调查，主要是了解和掌握庙宇、碑刻与社会的关系。蔚县的庙宇等古迹特别多，几乎每个村都有好几个，有的村竟多达十七八个，每座庙里都有碑刻。

20日的下午，考察了蔚县县城内的庙和碑。也许是水土不服，当晚，我和温春来等四名学员腹泻，21日上午不

学员们在老坟地抄写倒掉的墓碑

得不请假休息。21 日下午，我强起随班考察了宋家庄、上
苏庄、邢家庄。22 日，考察麦子潼村、杨赟墓、水西堡村、
水车村、单埝村。23 日，考察卜北堡村、苑家庄、北方城村、
崔家寨、重泰寺。24 日，考察暖泉镇、华岩寺。25 日，考
察飞狐峪、空中草原、西合营乡。

　　研修班在蔚县考察的内容主要是看庙宇和阅读碑文。与
我们锦屏等清水江地区不大一样，蔚县那里的碑几乎都集中
在庙里，而我们锦屏地区的碑则基本上立在露天野外。

　　赵世瑜教授说，每座庙宇都是一部历史，都是当时当地经济和社会的缩影。所以每到一个村寨，老师们都首先要找到庙宇，并教学员如何读庙宇，从庙宇的数量、建筑形式、参加建设的人群和供祀神祇以及保存的碑文等去了解该地的历史发展脉络。这几天的考察中，我发现郑振满教授读碑特别快，一通碑文，他瞄上几眼，三下五除二就能知道大概内容。他还告诉我们说，碑文一般有前后两个部分，前一部分是序文，后一部分是化首和捐资（物）者姓名及所捐数量。很多人抄碑，都只是抄序文部分，往往忽略后面捐资（物）者姓名及所捐数额，这是错误的，这样抄出来的碑文是不完整的。因为从捐资（物）者姓名和所捐数量上可以看出当时当地的经济发展和社会组织状况。我们以前抄碑都只是抄碑序，对后面的组织者和捐款者姓名及所捐数量从来不抄，这确实是个不小的错误。看来，以前我们所抄的碑文还得把后面那部分补上来才行。

在蔚县的每天晚上，所有师生也都要集中讨论，消化当天的考察内容，学员们谈考察心得，提出问题，老师们则对学员提出的问题进行解答。

25 日的晚上，陈春声教授主持召开研修班总结会。他说，首届历史人类学高级研修班办得很成功，开了个好头，今后每年都要举行。他要求每位学员回去以后，用所学到的历史人类学理论知识和田野调查方法，找一个点，写一篇三万字左右的田野调查报告，在六个月内提交给以科大卫为组长的评审小组。

这次为期十天的研修班学习对我而言，意义非常重大。一是使我第一次来到了向往已久的首都北京；二是得以聆听科大卫、萧凤霞、庄孔韶、陈春声、刘志伟、赵世瑜、郑振满、蔡志祥等中外知名学者关于历史人类学理论和实践方法的精彩讲座，虽然有很多地方模糊不懂，但使我对历史人类学这门学科产生了浓厚的兴趣，结上了缘；三是学习到了历史人类学的一些田野调查的基本方法，对我今后的工作非常有帮助。

完成作业

根据研修班的安排，回来以后，我把作业的田野调查点选在贵州省锦屏县河口乡的文斗苗寨。

文斗苗寨坐落在清水江南岸，有三百多户人家，规模适中。这是一个看得见历史的村寨。村寨内外都是参天的古树，三百多户民居隐藏在树林之中，古朴的石板路在树林和房舍间曲折蜿蜒。文斗苗寨在清代中期即积极投入清水江木材贸易，至今还保存有上万份清代至民国时期的契约等文书和三十多通青藓斑驳的古碑。文斗分上下两个自然寨，在清代康熙以前，这两寨都为"化外生苗"。康熙中期，两寨响应官府号召，输粮入籍。而这时，两寨头人正在闹矛盾，上寨跑到黎平府附籍,下寨则跑到镇远府天柱县上粮,形成"一寨两属"现象。

经过一段时间的拟列调查提纲等相关准备工作后,我于12月上旬到文斗苗寨做了一次为期一个星期的田野调查。虽然我以前多次到过文斗,对这个村寨有些零星的了解,但是要写成一篇几万字的文章,显然远远不够。我到文斗后,就按照所拟列的调查提纲,用在研修班所学到的历史人类学的理论和方法开展调查。我首先争取上下两个村党支部和村民委员会领导的支持,由他们分别组织村里的寨老和知情人召开调查座谈会,对每个人的发言都做了详细记录。会后,我又针对一些重要地方知识和史实对一些重要对象做登门走访调查,并翻阅他们家收藏的契约文书、座簿和家谱。最后,对全村内外以及加池、岩湾、中仰等邻村的重要石碑做了仔细的抄录。一个星期下来,我收集到了十来万字的资料,为完成作业奠定了基础。2004年1月,我将所收集到的资料进行了整理,写成了一篇六万多字的调查报告交卷。

2004年4月,县里成立县地方志编纂办公室。因为我曾参加过第一部《锦屏县志》(贵州人民出版社,1995年)的编纂工作,所以县领导就叫我来主持这个办公室的工作。当时县里有规定,所有机关单位都要到一个村去开展结对帮扶工作。因对文斗较熟悉,我们主动要求县志办公室到文斗去做帮扶工作。县志办公室无权无钱,要到村里真正开展帮扶很困难。这时候,县里开始对文斗进行旅游开发,文斗人也积极响应。我于是决定将我写的文斗田野调查报告充实扩展成一本宣传推介文斗旅游资源的书出版。我的这个决定得到了文斗所有村干部的积极支持。此后在一年多的时间里,我断断续续到文斗调查,不断补充材料。到2005年底,十四万余字的书稿《文斗——看得见历史的村寨》问世,并请陈声春教授拨冗给写了序言。2006年,县里领导换届,此书的出版工作被搁置,直到2009年才得以出版面世。这本书出版后,成为全面推介文斗苗寨旅游的工具书,很受欢迎。

学以致用

2004年4月,县地方志办公室成立后,我们即积极开展志书的资料调查工作。为了打好志书的资料基础,我们首先推动乡镇志书的编纂工作。2005年春,在县政府的支持下,我组织全县的修志人员开展了一次为期半年的全县性人文资料大调查。为了做好这次调查,我组织召开了两次由各乡镇和部门修志人员参加的培训班,根据在首届历史人类学高级研修班所学到的理论和知识编写教材,对与会人员进行了详细的培训。在培训中,我重点讲了两项工作:一是村情资料的收集,二是碑刻的抄录。村情资料,我要求大家注重实际调查,掌握第一手资料,不要轻信"听说""好像"之类资料,对可疑的资料要认真核实；关于碑文抄录，我要求大家一定要跳出过去抄碑文只抄碑序的误区，不但要抄碑的序文，对捐资人姓名和捐资数量也要完完整整地抄录，抄了之后还要认真核对，防止错漏。培训会后，我还多次带队到村里开展资料调查和碑文抄录的示范，尤其是现场培训修志人员如何读碑和抄碑。2008 年，我以各乡镇提供的村情资料为基础，主编了《乡土锦屏》一书并出版。《乡土锦屏》以历史人类学的手法，全面介绍了锦屏二百一十个行政村的历史和人文情况，成为全面了解锦屏乡土社会的窗口。

由于人员培训到位，资料准备充分，锦屏县乡镇志书的编纂工作进度较快。至 2015 年，全县所有十五个乡镇均完成了志书的编纂出版工作，成为贵州省第一个全面完成县乡两级志书编纂出版的县份。在出版的乡镇志中，敦寨、钟灵、三江、茅坪、河口等乡镇志书都大量收录了当地的碑刻和部分典型契约文书等历史文献，具有较高的资料价值。

在《锦屏县志（1991—2009）》的编纂中，我也较多地借鉴了历史人类学的方法，最突出的就是志书中大量引用文书、碑刻等历史文献资料，大大地增强了志书的史料价值。2011 年该书由方志出版社出版后，受到社会的广泛好评。2016 年，中国地方志指导小组要求各地开展"中国名村志文化工程"，锦屏县史志办公室接受了上级安排编纂出版《魁胆村志》和《隆里所村志》两本"名村志"的任务。我编纂这两本"名村志"时，均采用了先前所学到的历史人类学方法收集资料和安排篇章结构，收到了良好效果。2017年12月底，首批"中国名村志丛书"在人民大会堂首发，《魁胆村志》位列其中。记述和反映有"中国明代军事移民标本"之称的古城隆里的《隆里所村志》也被列人第二批"中国名村志丛书"，于2018年在云南德宏首发。锦屏县是全国唯一出版了两本"中国名村志"的县份。

2000年以后，因锦屏文书（学术界常称之为"清水江文书"）征集、整理以及研究的关系，我经常与有历史人类学"华南学派"之称的中山大学张应强、刘志伟等学者联系和接触。特别是，2004年到2015年的十多年间，张应强教授几乎每年都派遣硕博士研究生来到锦屏等清水江流域开展历史人类学的田野调查，我都被他要求给学生带路以及提供乡土知识帮助，因有参加研修班的微薄历史人类学知识基础，我得以与他们进行学术交流和对话。在师生们的影响和启发下，我竟然也萌发了以锦屏文书为基础资料的学术研究兴趣。这些年来，我在国内学术刊物上发表了学术论文三十余篇；主编了《锦屏文书研究论文选集》《锦屏文书与清水江地域文化》《文书·生态·文化：第四届锦屏文书学术研讨会论文集》等学术论文集，还与张应强合编了《清水江文书》第一、第二、第三辑共三十三册，撰著了《寻拾遗落的记忆——锦屏文书征集手记》、《加池四合院文书考释》（四卷）、《清水江木商古镇——茅坪》。现在，我正在主持将锦屏及周边县的重要碑刻复制集中到全国唯一的地方文书收藏机构——锦屏文书特藏馆，建立锦屏碑林。

2001年以来，锦屏文书研究逐渐成为热门。目前，国内研究锦屏文书有很多"流派"，我们锦屏也有一个小团队忝列其中，被称为"乡土派"，而我则是其"领头羊"。

自参加首届中国历史人类学高级研修班至今，已经过去了十七年，我也由当时的四十出头大龄青年成长到了行将退休之华发者。回想十七年来，我一直致力于锦屏的地方文化事业，特别是致力于以锦屏文书为核心内容的清水江地方历史文化的挖掘、整理和研究工作，之所以能有兴趣并一直执着坚持，与参加那次研修班所受到的影响不无关系。

现在，我又在向年轻人传授那些理论和方法。

（王宗勋，锦屏县档案馆馆长、锦屏文书研究中心办公室主任，第一届学员）

◎ 靠谱的笔记和不靠谱的记忆，都是真的

杜正贞

2003 年的 8 月，一度在北京和香港两地肆虐的严重急性呼吸综合征（SARS）疫情刚刚平息不久。我因为上年的手术向大学请了长假回北京休养，正好遇到第一期历史人类学高级研修班（蔚县营）的开办。我不是那一期的正式学员，当时要求申请人是高校的青年教师，我是博士二年级的学生，还有几位更年轻的师弟师妹，我们都属于"编外"人员。说起来，我从来都没有成为过历史人类学高级研修班的正式学员，后来参加的几次活动，不是作为工作人员就是作为田野导师，要兼顾很多其他的事，所以都不如这次专注。而且当时老师们劈头盖脸的提问和尖锐的批评都被正式学员们挡了下来，我们躲在后面，懵懵懂懂，东看看西瞧瞧，这里听一耳朵那里听一耳朵，所闻所见都是新鲜的。后来很多年，这

些都是愉快的记忆。

蔚县营留下了很多故事。最著名的一个是"科老师空中草原怒摔电脑"[1]。那是到了考察的尾声，我们去太行八陉之一的飞狐峪。公路已经修得很平坦了，但汽车在山峦耸峙的狭道间穿行，仍然让我们有一种奇特的历史穿越感。科老师还特别提议停下车，我们真的用脚走上一段。我其实并不知道有目的地，只觉得这样一路走下去，走到峡谷的另一端也很好，这当然不可能。

重新上车以后，车子蜿蜒前行，逐渐爬上盘山公路，最后停在山顶。当地的司机很自然地把我们带到了一个叫"空中草原"的景点。没有村庄，没有庙，没有碑，也没有村民，对于这个情况大家一开始大概都有点懵，但很快"既来之则安之"的心态就占了上风。本来嘛，辛苦好几天了，最后一天安排个景点观光休闲，也是合理的吧。我当时就是这样想的。于是，大家四散开来，骑马的骑马，拍照的拍照，因为几天来一起挨老师们"批斗"、同甘苦共患难而建立起来的"革命"友谊，洋溢在青青草原的上空，怎么看都是一个完美的结营活动。

之后，气氛陡变的原因，并非我亲见。这个故事在这十数年里因为朋友们口口相传，早就成为混杂了历史真实、创伤回忆和想象演绎的产品。我只记得赵世瑜老师把四处撒欢

---

[1]　在前文黄志繁的记忆里是摔相机，这说明大家的记忆是多么不靠谱啊！

的学员们召回车上，听说科大卫老师大为震怒，重重地摔了装着笔记本电脑的包，说了一些"我们不是来旅游的"或者"田野考察不是旅游"这样的话。总之，大家都觉得自己犯下了大错，回程的车上再没有欢声笑语。那种戏剧性的气氛转变，把"学术考察不是旅游，不是走走看看，甚至也不是面对古迹发思古之幽情"这样的"信条"刻在了大家的观念里，在有些人身上，后来甚至发展成对单纯的旅游休闲活动的罪恶感，这大概算一种职业病或"工伤"。

"空中草原"的故事是一个集体记忆，"张老师古庙檐下泪洒雏燕"则是我的个人记忆。这十数年中的很多朋友都是我在蔚县营开始结识的，张小也老师就是其中之一。她当时背着一个很好的相机，还装着皮套，好像用的还是胶卷，这让我一度觉得她是位记者，当然这个印象也不是错得太离谱，后来研修班的报道就是她操刀的。

那天她穿着一件红色的 T 恤，在一座庙的大殿的屋檐下捡到一只雏燕。小燕子还没有长出羽毛，皱着红彤彤的皮肤，显然是从巢里掉下来的。庙檐很高，它应该是受了伤，奄奄一息之中还在奋力地叫唤。一开始我们想着怎样才能把它送回燕巢里去，我们找来了梯子，但燕巢真的太高了，当时在场的人中个子最高的郑老师都没办法够到。小燕子虚弱地躺在张老师的手心里，我觉得她就快要哭了。老师们开始催促大家上车，张老师只能将小燕子交给庙里的一个孩子。

那个画面在我的记忆里一直无比清晰。孩子穿着青灰色的僧袍，圆圆的黑红色的脸，乌黑的胖胖的小手上托着燕子。"你能救活它吗？你能救活它吗？"我当然理解张老师执着追问的心情，但私下觉得这根本不理性，出家人不打诳语，这让孩子如何作答？夕阳下，孩子垂着眼帘，只听见他低声回道："我会给它念经。"

我记得这整件事的细节，记得那只燕子周围流动的情感，记得张老师最后一个走出庙门，记得那间庙在一个山岗上，她从上面走下来，一边走一边抹着泪……但是，我就是不记得那是哪一天，是在哪个村，哪座庙。

十多年过去了，记忆中的很多事情都是这样，尽管色彩依然鲜艳，细节历历在目，但我就是丢失了我们这个学科对历史记录的最基本的要求——时间和地点。这样的记忆还能成为历史吗？

2020年暑假搬家整理东西的时候，我翻出了2003年8月蔚县营的笔记。这个笔记根本不在我的记忆里。十多年来我不仅从没见过它，而且也不记得写过它。已经开始褪色的字迹，潦草难看，的确是我写的，但它记载的事情至少有一半陌生得像从未发生过。

康熙《重修玉泉寺碑记》局部

8月21日　阴

　　上午往城南二十里浮图村玉泉寺。……玉泉寺在半山腰，破败已极，正在修复过程中。入庙时每个（人）捐献数元不等。身边没有零钱，卜永坚出二十大元为我们四五个人买路。断壁残垣之上，壁画斑驳可见。六七块碑横卧于乱草之中。其中一块题名有奉天府、昌黎、本城、本村诸商号，勾画出本地的商业联系。另一碑为魏象枢之子所撰。庙墙嵌有一题诗碑。郑教授提出，此庙由于有几位地方大儒的读书处，是地方文化象征，因此有政府、高级士绅介入，而成为一处重要的庙宇，但这种地方的传统在清末渐渐消失，而成为本村的庙宇。

·············

上苏庄门楼碑记建于嘉靖二十二年，上有五小甲长名，分属三姓。其中侯姓在二十年前已经迁出。村口有三元官一座，现为村委会，对面（为）戏台。村内南北向道，两端为真武庙，所对灯山楼，每年正月十四、十五、十六点灯山摆字造型，以取防火避灾之意。采访管灯盏聂姓人家，居于灯山附近，但问其组织状况不详。真武庙内嘉庆十三年碑阴上，并无聂姓，则此姓为晚近入住。此村姓氏颇杂，疑村庄流动性相当大。交叉路口关帝庙一座。

8月22日　阴转晴

至水涧子村，村有三堡。至中堡，堡墙面对戏台，上有文奎阁，修于乾隆年间，董姓独资一百多两银子，其他有东堡、西堡村民几钱几文不等。董姓同时还捐修了北面门楼上真武庙一百余两。北门楼残破，西边墙难以攀登，只有数人上抄了碑。门外是关帝庙，俗称老爷庙，庙中有一架子上用红纸贴着"雨随行驾"。因此我到庙外向一位老大爷访谈了本村有关求雨的情况。据说原来在庙后还有一龙爷庙，干旱时晒龙爷，并往二三十里外的泉眼求雨，颇具灵验，后庙坍，改为晒关帝。

水涧子西堡小庙中的壁画局部

　　此堡隔壁为西堡，堡口外正对有观音庙、龙王庙，正在修缮中，村中年轻画工将原有壁画涂去，重新描绘，技术精湛，但对于古物保存却殊为可惜，幸门外左手面有三间小房，为财神、马神、关帝，其中壁画为旧，精美绝伦，其中蒙古（人）、金人的特征明显。门楼上有庙，其中有嘉庆、民国书碑三块，讲修缮情况并人名，背后为魁星阁，有一碑，黑暗，需秉烛而读。……

　　我记忆里那些有趣、鲜活的片段，比如大家一起挖了一

靠谱的笔记和不靠谱的记忆，都是真的

听郑振满老师"建构"村庄历史

个半米深的坑，想把埋在下面的碑撬出来；比如晚上集体讨论，老师们点人头，问，大家都到齐了吗？人都对吗？少一个不可怕，多一个才可怕（那天是农历七月十五，因为暑期营的时间常常会撞上中元节，后来这就成了一个眼）；再比如上面说的"张老师古庙檐下泪洒雏燕"……这些统统不在当时的文字记录里，我仍然不知道那是在哪个村，哪座庙。这真是让人沮丧。

那么这些文字记录有丰富我的记忆吗？那次见识了"碑神"郑老师秒读碑文的"神通"，听他在半天之内就"建构"

起一个村庄的历史，其时的赞叹膜拜之情，至今记忆犹新。但我的确忘记了他在浮图村玉泉寺说的那段，即便有这个笔记为证，我也不能把记忆中已经升华为"无事件境"的感受安放到浮图村玉泉寺那个准确、唯一的时空节点上去。再比如说那个"秉烛读碑"，那么有画面感的场面，在我的记忆里一点痕迹都没有留下，以至于我现在怀疑，我这到底记录的是一个事实，还是我只是在这里用了一种修辞方法？

科老师再三教导我们，一定要"记笔记"，一定要"记笔记"。没有笔记就没有了证据，没有了证据也就没有了历史学。回忆蔚县营中的自己，作为一个初次遇到"历史人类学"的学生，我只留下了靠谱但粗陋乏味的笔记和温暖美好但不靠谱的记忆。十七年后，当我回看过去，很遗憾地发现这两者之间居然无法沟通，这是我没有想到的。

蔚县营结束两个月后，我独自坐上一辆绿皮火车，前往山西。

（杜正贞，浙江大学人文学院历史系教授，第一届工作助理）

山西洪洞

◎ "田野"寻踪

吴 欣

　　2003 年秋天某日，导师常建华先生通知我，冯尔康先生的博士后张小也女士来南开了，可去拜见、求教（当时我正在撰写题为"清代民事诉讼中的官与民"的博士学位论文，与小也老师研究领域相近）。欣喜！忐忑！匆忙跑往范孙楼。在范孙楼二楼楼梯的拐角处，我见到了小也老师。没有咖啡热茶，没有桌椅沙发，站立着，我们简单寒暄后认真交流了半小时。现在想来，这半小时，对我日后的学术研究影响至深。

　　读书期间，常老师在课堂上、闲谈中经常提及"历史人类学"，也指导我们阅读"华南学派"大佬们的著作，因此对这一派的研究方法、学术追求有所了解。但对于他们为什么以及如何进行历史人类学研究的认识却并不清晰。与小也老师交谈后，再一次与常老师讨论我的论文，我突然意识到一个很重要的问题，即我的关于"清代民事诉讼中的官与民"的研究虽然脱离了法律史研究的制度性框架，也是以人为主体的研究，但是人及其所在区域的差异却是被概念化的，因此对清代民事诉讼及其法律实践的研究可能并不全面、真实。小也老师建议我，要解决我的疑问，深化民事诉讼研究，可以去参加下一年的历史人类学高级研修班。我怀疑地问："可以吗？"她肯定地说："可以！"于是，在小也老师的大力推荐下，我忐忑申请，顺利入选。

2004年的8月，天气炎热，但其程度远不及我对研修班向往的热情。在北京师范大学经历了萧凤霞、庄孔韶等先生关于人类研究学的"头脑风暴"，刘志伟、赵世瑜、陈春声、科大卫、郑振满等老师有关族谱、传说、宗教文书、民间契约的"洗礼"之后，我们前往山西洪洞进行田野调查。在田野中的观察、访谈、读碑看谱以及每晚热烈讨论的过程中，关于历史人类学的研究方法、研究路径，关于民间文献、问题意识、理论创设、历史书写等问题在我的头脑中逐渐清晰。但仔细回忆起来，这些深刻的影响最初竟然与几次"被批评"相关。时至今日，对我而言，那些"批评"作为"重要的历史事件"和"重要时间节点"依然清晰可见。

场景一：在洪洞县大槐树景区，我以"研究者"身份自居，面对人造的"大槐树"和"老鸹窝"提不起兴趣，脚步匆匆，不肯过多驻足，目光游移，不做过多"阅读"。

场景二：在洪洞县看过一座庙宇和多通碑刻后，我们准备回到集合地点。途中，经过一个村落。村落里唢呐声声，有村民正在举行婚礼。我们这些学员并不关心热闹的现代婚礼，认为那只不过是现代人的礼仪，不是值得研究的历史，因此径直朝集合地点走去。相反，几位老师却迟迟未到指定集合地点。原来他们在观看婚礼仪式。

场景三：当天晚上的讨论总结课上，刘志伟老师提问：今天看大槐树你们有何感想？今天谁看了那场婚礼？（大概意思如是）不记得是谁回答（反正我也在心里默念）：那些都没有历史感，都是现代的或是伪造的，没有仔细看。

没想到这样"情理之中"的回答却遭到各位老师的批判！说是批判，实则是自惭形秽后对老师们既敬畏又充满敬意的夸大描述。刘老师的声音不大，但我依稀记得他说的"主要内容"：历史是一个过程，今天由历史延续而来，观察今天就是研究历史。所谓景点"造假"正是历史在今天的另一种呈现方式。什么是仪式？仪式是一种实践的记忆，也是社会秩序的展演，承载着丰富的历史内容。

老师们的批判还不止于此，对于学员讨论过程中常常挂在嘴边的一句"我是学某某史（比如古代史）的"的表达，老师们同样做出了批判，因为这句话的言下之意是"因为我是学古代史的，所以我可以对近代史不了解；因为我是学清史的，所以我可以对明史不掌握"。被老师们揪出这些"细

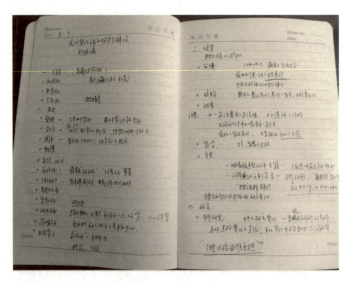

当年的听课笔记

枝末节”，心里很是不悦，但真正静下来审视自己的研究，就会意识到，这种"常识"经常被自己有意无意地忽略，只专注于某一个问题或某一个时段的存在状态，不详溯其源流，不细观其延续，就难以将历史的"细部"与整体的历史建立起密切的联系。而今这些历史研究的"常识"也常常被我"引用"，拿来"指导"学生。当然"指导"的结果是，他们不再认为历史就是图书馆中的文献和课本中被"描写"的故事；历史不是断代的事件，而是连续的整体。

研修班中各位老师的各种教诲自不待言，同行者中的"楷模"也着实令人佩服。田野中，亦师亦友的卜永坚老师总是随身携带一本"秘籍"。读碑时，他会时不时掏出秘籍查阅；讨论问题时，也会随时掏出秘籍勘对。几经观察后我才知道，原来那本秘籍是一本微缩版的历代皇帝年表。随身携带秘籍的好处是让民间文献中的历史以最快的速度与正史中的历史相遇，并使之建立其最准确的联系。这本秘籍也成为日后我进行田野调查时的必备法宝。

研修班结束之后，我也很快完成了博士学位论文并毕业，回到我所工作的聊城大学。聊城是一个运河城市，我所在的历史文化学院一直有运河文化研究的传统。与前辈强调漕运和制度研究或关注运河功能（即"促进"还是"阻碍"了区域社会发展）的问题意识不同，我更想探讨包括山东在内的江北区域在运河影响下形成了怎样的区域社会发展路径和机制，其与其他区域有着怎样的不同。这一问题的萌芽就产生于洪洞的田野调查和之后的"深入思考"之中。事实上，在其后很多次学术研讨会以及与老师们的闲谈中，我们都深切地感知到，老师们组织研讨会的目的或者对我们的期望，实际包含两层含义：一是效法，二是觉悟。效法是习得历史人类学的思维与研究方法并使之传承，觉悟的意义就在于我们能形成自己的能力和智慧。关于运河研究，我有自己的想法，也知道完成这一想法不仅仅需要"思""想"，更需要做。

读文献、"跑田野"（跑出书斋做田野调查的简称）遂成为我学术生活的日常。起初，我和爱人（陪"跑"者，以克服女性跑田野的不便）一起"跑"；之后，我和我的研究生一起"跑"；再之后，运河学研究院建立之后，我和我的同事、学生们一起"跑"。渐渐地，进行田野调查成为运河学研究院的学者们进行运河研究的一大特色。现在，每到周末，"跑田野"就成了同事们的"休闲"方式。随着民间文献资料收集频率的加快（包括购买、捐赠），资料越来越多，我们筹措建立了"运河文献文物展览馆"；为了使这些资料便于被研究者利用，我们又申请资金创建了"大运河文献数据平台"（其中民间文献资料部分包括运河区域的契约、碑刻、家谱以及其他民间文书）。

真正进入"自己的田野"，我才意识到，做田野工作不仅需要甩开双臂、迈开双腿，需要敏于发现的眼睛，需要善于沟通和表达善意的嘴巴，需要知识储备和形成问题意识的大脑，而且还需要去建立各种关系，以便获取进入田野点（即别人的领地）的"许可证"。好在我们通过各种途径认识了地方文化的爱好者，热心传统文化的退休教师、地方干部，以及那些总是持以善良之心，愿意和我们聊天的大爷大妈们（有时候，他们的子女会对我们的到来持警惕之心。有一次，我们被一位老大爷的子女当作文物贩子举报到当地派出所）。

记得 2011 年，科大卫先生、张瑞威老师及贺喜老师到山东运河沿线进行田野调查时，科先生曾说，"每一位老人都是一个图书馆"。那么如何才能发掘这一座座图书馆里的资料呢？这是我的疑问。一日，我们到山东东阿县东

在济宁清真寺读碑

阿镇进行田野调查，遇到了明代万历朝礼部尚书于慎行的一位后人（一位老奶奶）。科老师与老奶奶坐下来聊天，询问她所知道的于氏宗族的情况以及她所参加的拜神仪式。上了岁数的老奶奶一时有些想不起，同行的另外一位老师（对于慎行以及当地的信仰多有了解）试图启发那位老奶奶以免尴尬。但其"善意"之举却被科先生"无情"打断。尴尬过后，老奶奶娓娓道来她所知道的家族的祭祀以及曾经参加过的方圆十里的拜神仪式，科先生认真聆听。这件事情让我真切地感受到，科先生想听的是老人自己对过去的认知和感受，而不是别人告诉她的关于过去的故事。这么一件小事，所阐释的正是"从中国人的意识出发去理解中国社会"的真正意义。

科大卫和老奶奶交谈

会通河流域村庄田野

或许，如何去挖掘资料已经不再是一个技术问题，田野调查体现的正是一个学者的学术态度和学术价值观。

进入田野收集民间文献资料是历史研究"上穷碧落下黄泉，动手动脚找东西"的方法；进行访谈、了解当地人眼中的社会也是历史学向人类学习得的重要经验，但对于研究者而言，做田野还能培养其自身的"历史情境感"和"地点感"。我进入运河研究领域后，撰写的第一篇关于运河的文章是"浅"。跑田野过程中我发现，运河沿线有些村落被称为"浅"，如梁家浅、仲家浅等，这样的名称其他地域较为少见。在这些村落进行田野调查后，我了解到村落的人口来源复杂，属于多姓氏宗族村落。村里人讲述的村落故事，是他们的祖先在运河当差，落脚于此。显然，这与我在文献中所见之运河浅铺相关。山东运河为人工河，时常淤浅，因此需要设立挖浅人员及时疏浚。挖浅者长期居住于某地，后逐渐发展为村落。挖浅者的来源、组织管理方式、村落形成过程以及对区域社会的影响等问题遂成为我进行浅铺研究的内容。以此为出发点，我又连续指导学生对闸坝、泉等工程及其形成的区域村落和社会功能进行了系统研究。空间与时间的融合，民间文献与正史专书的碰撞和相互补充，已经成为我和我的团队进行运河区域社会研究的路径。

苏轼自评其文曰"如万斛泉源，不择地皆可出"。以不同地区不同时期的区域元素为起始，梳理出一个区域社会发展的模式，多个区域的叠加再形成对于整体中国的新的认识，这是历史人类学研究"如万斛泉源，不择地皆可出"的真正目的。可能在这一目的之外，还有更加"意外"的收获。

记得那次研修班的田野调查正值暑假，几位大佬的孩子也都随行，和我们一起进庙宇，读碑刻，看遗迹，吃地头餐。我当时纳闷，这么辛苦，老师们为什么要带着孩子？他们的孩子未来也会进行历史研究吗？多年后，我也带着我的儿子在运河沿岸的村庄里跑田野，他因此学会了提问、录音、录像、读碑。虽然考大学时他并没有选择历史专业，但是暑假我跑田野时，他还愿意随行，看到碑刻还会饶有兴趣地读一读，并且就自己的所学与我进行讨论，也会有意无意地以史为鉴分析他所学的经济学。看着孩子认真的样子，我想，或许历史对于研究者和非研究者而言，都不只是认识过去的工具，还是经历人生的动力。在这个意义上，2004年的"乡校"经历，是可度之往事，可参之现实，还是可期之来事！

（吴欣，原聊城大学运河学研究院教授，现烟台大学教授，第二届学员）

◎ 不能忘却的记忆

谢宏维

2003 年 8 月，由中山大学历史人类学研究中心、香港大学香港人文社会研究所、北京师范大学乡土中国研究中心联合主办的首届历史人类学高级研修班在北京师范大学开班，我当时是在读博士，作为非正式学员得以参加；一年之后，第二届历史人类学高级研修班又在北京师范大学举行，我当时刚博士毕业，怀着尚未平息的兴奋与渴望，继续申请作为正式学员参加。主办单位老师在审核过程中网开一面，让我有幸再次忘情于历史人类学的大海之中。

第二届研修班还是十天，分两个阶段，前五天（8月5—9日）在京师大厦进行，8：30—11：30 与 14：00—17：30 上课及课后问答；19：30—22：00 圆桌讨论，老师主持，学员发言，报告自己的研究和听课感想。先后授课的老师及主讲内容是：8月5日，萧凤霞教授讲授"历史人类学的理论与方法"，庄孔韶教授讲授"田野工作与民族志书写"；8月6日，刘志伟教授讲授"族谱：历史学与人类学的对话"，赵世瑜、陈春声教授讲授"传说与区域社会史研究"；8月8日，科大卫、蔡志祥教授讲授"宗教文书与乡土社会"，孙立平教授讲授"关于中国革命的口述史"；8月9日，郑振满教授讲授"民间契约文书的收集与解读"。晚上的圆桌讨论分别由程美宝、叶涛、王鸿泰、黄国信等诸教授主持。中间一天（8月7日）赴妙峰山进行学术考察。

老师们结合自己的研究，娓娓道来，精彩纷呈。虽然我是第二次听课，但由于自身的知识储备不足，知识结构陈旧，同样还是听不太懂，理解不深。当时看过的著作主要有刘志伟老师的《在国家与社会之间——明清广东里甲赋役制度研究》《祖先谱系的重构及其意义——珠江三角洲一个宗族的个案分析》《附会、传说与历史真实：珠江三角洲族谱中宗族历史的叙事结构及其意义》《地域社会与文化的结构过程——珠江三角洲研究的历史学与人类学对话》，赵世瑜老师的《传说·历史·历史记忆——从20世纪的新史学到后现代史学》，科大卫、刘志伟老师的《宗族与地方社会的国家认同——明清华南地区宗族发展的意识形态基础》，陈春声老师的《市场机制与社会变迁——18世纪广东米价分析》《从"倭乱"到"迁海"——明末清初潮州地方动乱与乡村社会变迁》，郑振满老师的《明清福建家族组织与社会变迁》《明清福建的里甲户籍与家族组织》等。实际上，书和文章虽然都看了读了，但并没有看懂读懂。

每一场两三小时的专题讲座，对我来说，是轰炸，也是震撼。这些课程的一些主要思想、理念、方法与关键问题有：历史人类学可以是一种研究方法和视角，也可以被表达为一种研究风格，为其他学科所共享；历史学与人类学的结合，如何开展跨学科对话；什么是族谱，作为“历史”的族谱与作为“结构”的谱系；中国史学本来很后现代；传说的历史人类学价值，传说的收集与分析；作为方法论的区域社会史；为什么方志材料的“风俗”描述还不够；礼仪的重要性，仪式、节日与乡村社会，革命与日常生活的逻辑，口述历史与社会生活的实践；民间契约文书的形式与内容、收集与整理、研究与解读；等等。

在没有自身的领悟与实践之前，历史人类学对我来说只是写在书本上的理论、概念。在历史人类学面前，我是一名未入门的学生。带着满脑子的似懂非懂，晕晕乎乎地，我又满怀期待地登上了去山西的火车。

后五天（8月10—14日）在山西临汾进行田野考察和研讨。白天全天在外跑，晚上回来宾馆各组汇报和讨论，由张俊峰、乔新华、张小也、温春来等诸位老师主持，学员发言。

先后考察的地点有：洪洞县青龙山玄帝宫（8月10日）；

霍泉广胜寺上寺（飞虹塔）、下寺、霍泉分水亭、明应王庙、娘娘庙（8月11日）；南霍渠沿渠村庄，道觉村南霍渠旧迹、东安水磨、油磨村，下庄村关帝庙、坊堆遗址、碧霞圣母宫、旱觉村二郎庙、泰云寺（8月12日）；汾河沿线村庄，姑射山龙子祠、尧庙、辛南村（8月13日）；赵城侯村学校、女娲陵，干河村净石宫（8月14日）；等等。

田野考察带来的冲击更加震撼，更具挑战性，甚至是颠覆性的。走进"国保"级建筑，面对"国宝"级文物，步入传统村落，眼前形态各异的碑刻，令人欣喜。但走出书斋后的新鲜喜悦转瞬即逝，随之而来的是茫然、无奈，甚至是崩溃。田野工作不是参观旅游，也不是访古探幽。进入考察点，我们到底看什么？到底怎么看？到底能看出什么问题？我们走进田野，却迷失在田野之中。

为什么要强调做田野调查？郑振满老师认为，通过田野调查，我们可以回到文献流传和使用的地方，找到相关的当事人，通过实地考察、访谈，了解当地的生态环境和生活方式，尽可能重建历史现场，把文献放回社会生活的整体中去解读。这时候，不仅是历史文献资料，就连现存的实物、人际关系、口头传说、仪式表演等等，都可以成为我们的研究资料。田野调查的最大好处，是可以让我们设身处地地去体会当事人的想法和做法。我们在文献上看到的很多难以理解，甚至是很荒谬的东西，有时到了当地就会恍然大悟、豁然开朗。陈春声老师也指出，在田野调查中，可以搜集到极为丰富的民间文献，这些材料在一般的图书馆是无法获见的。更为重要的是，在调查时可以听到大量有关族源、开村、村际关系、社区内部关系等内容的传说和故事，对这些口碑资料进行阐释，所揭示的社会文化内涵往往是文献记载所未能表达的。置身于乡村基层独特的历史文化氛围之中，踏勘史迹，采访耆老，尽量摆脱文化优越感和异文化感，努力从乡民的情感和立场出发去理解所见所闻的种种事件和现象，常常会有一种只可意会的文化体验，而这种体验又往往能带来新的

行走在村落中

学术思想的灵感。

看了寺庙、水利系统、祭祀系统和村庄之后，晚上学员们发言讨论，老师们答疑指导。

赵世瑜老师：庙在乡村社会中扮演了中心的角色。老百姓把重要的东西，如碑刻，放在这里，很自然成为今天的"资料中心"。但庙、碑刻有自己的特色，并不可能完全反映一切，还需要关注其他东西。关注区域背后的问题，区域社会有自己的发展脉络。历史上真正重要的事情，必然会留下痕迹。要做有心人发现蛛丝马迹，把区域史同大历史联系起来。

郑振满老师：历史人类学不是只有庙，还有其他重要的东西。庙再重要，也不会是目的。我们关注的是更大的问题，如背后的整个结构与社会权力关系。当然可以从庙看出来，但远远不够。庙是博物馆。关注背后的生态环境，看村庄、庙、宗族，是在看大历史、国家，得是大家关心的历史，具有普遍意义的大历史，如何在底层与基层表现出来？如何运作？地方是否一致？谁在做？是官僚、绅士，还是商人、道士、和尚？要看当时的社会状况，从实实在在的例子看普遍的问题。龙子祠在国家与社会之间，一边是官僚系统，另一边是水利系统，几套人马，怎么保持运作？要靠民间力量运作，通常是在此做仪式，保持联系。地方行政体系仪式化，利用、控制地方，这是明初以来政治体制变化的结果。要有

临汾龙子祠碑　　　　　　　　　　在龙子祠发现的清代水册

通史与制度史的背景，才能做历史人类学。做好历史人类学可以改造与深化传统史学。光有碑和庙是不够的，光研究碑和庙也是不够的，要研究组织与关系。不是从概念出发，要从老百姓的日常生活出发。除了庙，还有宗族、里甲、商会等各种社会组织，如何协调？绝对不能对立，要整合。

　　第一次知道历史人类学是什么；第一次知道原来神话是真的，真的和老百姓的生活密切相关；第一次感觉到宋代、元代、明代、清代的事就发生在脚下这块土地，仿佛就在眼前；第一次知道文献记载的历史是鲜活的；第一次觉得寺庙、祠堂不再有幽暗阴森之气，而是具有人气和灵气；第一次知道自己虽然出生在农村、在农村长大，却不懂农村……

还清楚地记得当我们学员还在犹豫"堡"字该读什么音，吃力地辨认是齐（齊）字还是斋（齋）字，琢磨"施艮"的"艮"字什么意思，刚读到几个人名、商号的时候，郑振满老师就已经开始对着碑刻进行解读了。于是渐渐地，凡有碑之处，大家就簇拥在郑老师的周围听他读碑，郑老师"碑神"之名不胫而走。

还清楚地记得在考察一处乡村家族墓地群时，郑老师就在现场讲解坟墓对于北方宗族的重要性，族谱、祠堂可以没有，但坟墓肯定是有的，昭穆制度会体现在墓地上。有些族谱是怎样来的？就是抄墓碑。于是，古老的礼制、昭穆制度，大家一下子理解了。大家分为两组，根据左昭右穆的原则，分头抄写墓碑，再根据碑刻、墓志铭等重建这个家族的谱系。这成为学员完成得很好的一次作业。晚上，我做梦都是跪在墓碑前看名字。

还清楚地记得赵世瑜老师在洪洞广胜上寺爬到一处黑暗的大殿上用手机照亮看碑文的那一幕。从寺中出来，赵老师已落在队伍后面，把长长的身影留在背后。深山古寺，夕阳暮鼓，一行人在前进。

还清楚地记得老师们的群像特征：生活随意，不拘小节，幽默风趣；学术认真严谨，专业敬业，思维敏锐，思想深刻；精力充沛，不知疲劳，诲人不倦。耳提面命，言传身教，莫过于此。

大家不敢松懈、偷懒，看不懂的壁画也还要去看，读不懂的碑刻也还要去读……慢慢地，大家开始知道村庄村堡的基本布局，大致知道东边有什么，哪个方位有庙有碑有戏台。不远处，有学员兴奋地喊道："这里有一块碑！"……

（谢宏维，江西师范大学历史文化与旅游学院教授，第二届学员）

◎ 师门五年记

历史人类学高级研修班开启的求学之路

唐晓涛

　　接到赵老师让我写感想的微信后，我答应得非常快，因为历史人类学于我而言意义重大，可以说是改变了我的后半生，改变了我的学术生涯。

　　我与历史人类学的最初接触，始于 2004 年之夏于北京和晋南举办的第二届历史人类学高级研修班。研修班之后的 9 月，我开始攻读中山大学历史学系明清史方向的博士学位，师从刘志伟老师和陈春声老师。2007 年 7 月毕业，获得博士学位。2008 年 1 月在科大卫老师主持的"西江计划"课题的资助下进入中大人类学系从事博士后研究工作，导师是周大鸣教授，不过主要还是跟随科大卫老师和刘志伟老师进行西江课题的研究。

　　算下来，在中大追随历史人类学团队的老师们学习的时间总共是五年三个月。因为毕业论文写的是太平天国问题，读了罗尔纲先生的不少论著，很有感触的是罗先生所写的跟随胡适先生求学经历的《师门五年记》。每每与同为工作多年再进入中大学习历史人类学且自认历史人类学开启了新世界、更为老师们的学问人品所折服的段雪玉师妹热谈至酣时，她总开玩笑说："你跟罗尔纲先生都是浔州府当地人，同样做太平天国研究，你以后也要写一本《师门五年记》！"我深知自己对大师只能仰望，但追随内心，我确实想记录自己求学的经历，记录历史人类学和历史人类学的老师们对我的改变和影响，在此，只能写一些片段。

这一切就是从 2004 年这个神奇的夏天开始的。

学习结束后，我提交了一篇研修班学习感想，非常真实地反映了参与研修班的十多天课程和考察中的所获所感：

回顾十多天的经历，对我而言，只能形容为震撼和冲击。每天白天听萧凤霞、科大卫等一批老师做报告，最强烈的感受是：这是一个全新的世界，完全不同于我原来熟悉的东西。我其实是在一种如饥似渴的状态中去汲取这些具有全新方法论意义的报告，老师们提到的把族谱、碑刻、传说故事、契约文书作为史料，正确利用它们去解读历史……所有这些都让我既新鲜又感慨，吸引着我去思考。我隐隐约约地感觉到，像老师们这样去书写历史的话，那将会是一部全新的中国历史。

我处于一种囫囵吞枣的状态之中。作为一个小的地方院校的古代史老师，我太缺乏关于社会史、人类学这方面的知识背景了，也可能是因为自己本来做的是隋唐史的研究，对明清史基本没有关注，所以对老师们所做的历史人类学意义上的区域史更是一无所知。当时就有一种十分遗憾的心情，为什么自己如此孤陋寡闻，为什么此前从来没有任何渠道告诉我有这么一群人，在进行着这样有意义的研究，以致现在理解起来是如此的吃力。晚上听学员汇报各自的研究课题和自己做汇报，听老师的点评和建议，既觉得有收获又感到难过，有收获是因为老师们提出的问题和提问的角度有很多是我自己从来没有关注和考虑过的，难过则是因为感觉到了自己的巨大差距。

到山西做田野考察，是真正的学习。白天跟随在老师们身边，观察他们怎样读碑，怎样做访谈，晚上讨论会时马上就可以领略到老师们如何迅速地将田野调查与地方历史结合起来的本领，这对于我是同样震撼的感受，当然也感慨于老师们在田野中的投入和忘我精神，折服于老师们在晚上讨论会上表现出的敏锐。另外也同样伴随的是对自己存在的巨大差距的清醒认识，当轮到我发言我却语无伦次、不知所云时，那种对自己的无知的羞惭真的是刻骨铭心。

现在回过头去看，觉得自己真的很幸运，刚刚拿到中大明清史博士生录取通知书，就有机会参加这个研修班。可能当时是不自觉的状态，但是在听报告时接触到的方法论，在田野调查中领会到的工作方法，对我而言都是一种必不可少的储备，加上了解了自己的差距带来的对自己的鞭策，所有这些，都使我在接下来的博士学习阶段受益匪浅。记得一年以后在福建做田野调查时，当我做完报告后，赵世瑜老师对我说："看来你进步挺大的嘛！"我真的很激动，马上回想起在研修班时自己的首次报告，这就是一个成长的过程，真心感谢历史人类学高级研修班，提供了一个帮助我成长的机会。

正如此篇感想所写，虽然报考了中大的明清史博士，但我真的是对历史人类学一无所知，甚至对明清史，对刘志伟老师、陈春声老师他们的研究都很不清楚，我报考并考上中大的明清史博士好像受到命运之手的神奇牵引：2003年末我在报考厦门大学、华东师范大学还是中山大学的博士之间犹豫不决，一位热心同事在中大报考截止的最后一天带我去了中大报名；2004年4月，因完全没有复习而准备弃考时听从一位同事劝说参加了中大博士生入学考试，以便了解考题，以备明年再考；笔试后准备放弃面试回家时，听从一位在广州工作的大学同学劝说参加了面试，以便跟导师见面认识，以备明年再考；面试时谈到了自己是零复习，谈到了正在做一个乡村宗族研究，谈到了由隋唐史转为明清史是听了赵世瑜老师的课，陈春声老师说"不管你是否能考上，先特批你参加第二届历史人类学高级研修班"；考博分数出来后，英语差一分，未抱期待的我接到了中大历史学系电话，问我愿不愿意被破格录取。过后想想，"裸考"而获录取这一神奇经历的背后，其实是我在北京师范大学读研时一直"偷听"赵世瑜老师课程获得的对社会史知识的积淀，刘志伟老师后来告诉我，他改我的试卷时，透过很不标准的答卷看到了我的知识积累。

正如此篇感想所写，参加研修班的经历是在一种不自觉的状态下对历史人类学理论知识和工作方法囫囵吞枣的吸取，从学术的提升方面而言带给我的更多的是震撼与冲击。在听课的过程中，我非常努力地记录老师们传授的新知，包括每天晚上的学员报告以及考察结束之后的圆桌讨论的内容。我张开怀抱去接纳这些前所未闻的知识，但是这些新知只是展开在了我的面前，最多只能称得上是一种新理论和新方法的启蒙，我其实并没有能够领略历史人类学理论方法的真谛。研修班结束后，按照要求我继续在工作地点进行田野调查，用几个月的时间完成了一份长达五万七千多字的关于玉林市高山村宗族的调查报告。当时我已经进入中大读博，报告提交前我征求了明清史同门的意见，他们均认为此份报告只是材料的整理，完全没有历史人类学的问题意识。现今我重新看这份还压在箱底的报告，真正明白了当时的无知。

在研修班听课讨论中对新理论和新方法的无力把控的挫败感是非常真切的，在上面的感想中我没有明写的是，我当时完全没有办法进入晚上讨论的议题中，虽然我很努力去做笔记，但很多情况下我抓不到老师同学们讨论的点，我也基本上不明白田野中老师们访谈时为什么要问那些问题（我印象中当时带的一台相机还不是数码相机，是需要冲印胶卷的旧款相机，所以我现在无法提供研修班时的相片），以至于讨论中我一言不发，最后陈春声老师点名让没有发言过的同学发言，我还是一句都说不上来。当时的感觉真的是刻骨铭心，以至于我一回到住处就号啕大哭起来。平心而论，研修班之于我，除了历史人类学知识的启蒙之外，最大的收获是对自己的无知的羞惭，是了解了自己的差距而带来的鞭策。

所以，随后进入中大读博和从事博士后学习的五年多时光，这种羞惭和差距感一直在鞭策我成长，我很感谢有这样的机会参与了研修班的学习，更感谢命运对我的青睐，让我在随后的五年可以进入中大历史人类学殿堂，跟随大师们学习，让我有五年的时光去消化研修班所带来的历史人类学的知识启蒙。

现在回想起来，我何其幸运！何其幸福！因为占有了天时、地利、人和，自己真的得到了来自历史人类学最强导师团队的悉心指导。

天时，是因为当时的历史人类学还不是现如今的"显学"，老师们还不是太忙，我们有比较多的机会听老师们讲课，请教老师问题，跟随老师下田野。地利，是因为我的博士学位论文田野点选点和选题的特殊性，我论文的主题是阐释从明代大藤峡"瑶变"（指瑶族民众起义）到清代太平天国运动发生的浔州府区域社会历史变迁。一个边远小地方却涉及明清两代的重大历史事件，并且地方上有丰富的民间文献和活态的民间信仰仪式，这是历史人类学者梦寐以求的田野点，对老师们有着非同一般的吸引力，吸引了一批批老师到我的田野点。人和，是因为当时还是中大历史人类学导师团队的老师们紧密合作共同指导学生的时期，当时的博导只有陈春声老师和刘志伟老师，有明清史和明清社会经济史两个方向，陈老师还未任校领导，所以两位老师共同指导博士生，上课、开题、讨论、报告、下田野、改论文等所有的活动两位老师都一起参加，师兄、师姐在毕业论文导师一栏也都写上两位老师的名字。而程美宝老师也全程参与我们的课程和讨论，黄国信老师、温春来老师和吴滔老师更是一起给我们开读书课。五年中还遇到了最难得的"福利"：科大卫老师有一段时间每周从香港过来给我们上课；郑振满老师受聘到中大做导师，带我们读碑读契约文书。

老师们正式给博士生开的课很少，所以我就去听老师们给本科生和研究生开的课。犹记得听刘老师讲社会经济史、乡村社会史时那种心智被开启的感动和战栗，也记得听陈老师讲史学史、金融史时被老师的睿智博学惊呆，而听程老师讲新文化史课除了闻所未闻的新知外，还有犹如天籁一般的歌剧粤剧唱段。对历史人类学知识的极度饥渴和基础的极度薄弱，让我每天像上了发条一般在战斗中度过。虽然当时有较多机会跟老师们见面，但要跟老师约时间单独面谈还不是太容易的事，我把握住最多的机会是约刘老师中午在学一食堂吃饭时见面，边吃边请教问题。仍然记得，我对于两广的狼、瑶、壮族群由实体民族向族群标签的认知，就是几次三番在学一食堂边吃饭边听刘老师漫谈的过程中转变过来的。记得因为无法跟上和理解老师的思想，所以就在脖子上挂了一个MP3，只要跟老师在一起请教或讨论问题，就随时录音，以至于郑振满老师有一次笑着对我说："唐晓涛你一直在录音哦，怎么感觉像个间谍一样啊。"

真是无比怀念在历史人类学研究中心的小红楼地下室里与老师、同门在一起时的思想交流碰撞，于我而言，每一次的上课，每一次的讨论，每一次的讲座，每一次的报告，每一次的下乡……总之，每一次的集体活动，每一次与老师的面对面交流都是那么令人兴奋，那种每天获得新知、每次收获满满的感动的体验深入骨髓，是至今回想起来最深刻的记忆点。

虽然很用功，但是要完成一篇老师认可的博士论文，要完成由传统史学向历史人类学的转变是一个非常艰难的过程。中大明清史方向开题之难名声在外，亲见上一届的师兄师姐和同一届的同门几次开题不过，甚至当场痛哭。记得第一学期随师兄麦思杰到桂平大藤峡下田野回来后，初步设想我可以紧接着做清代的太平天国，征询陈老师意见时，陈老师听到已有日本学者在桂平做了田野调查，出版了一本著作，给我的意见是："你先读完日本人的这本书，告诉我他写了什么，我才知道你能不能做这个题。""没有中译本？那你就去学日语。"于是我老老实实地真去听了一个多月的日语课，大概弄明白了日语的肯定句与否定句。好在这部著作引用材料时都是直接引用中文，并且除了著作外，作者还将他采集到的民间文献一起出版，所以凭借对材料的熟悉，并依靠熟悉日语的师弟的帮助，我终于用三个月的时间写了一篇对此部日文著作的介绍，陈老师看了之后马上注意到，还可以从民间信仰与明清区域社会发展的社会机制方面进一步拓展，于是同意了我的选题。

之后是漫长的读官方文献、围绕主题采集材料，下乡做田野调查采集民间文献，考察民间信仰仪式，返校后在课堂上做报告接受老师批判，然后再读文献、再下乡做田野调查的过程。

人类学家把一年在田野点的周期当作成年礼，历史人类学没有如此严格的约定，但于我而言，田野的历练是我学术成长无比重要的一环，田野所获的民间文献和对民间信仰的透析更是奠定了我博士学位论文的基石。

能够在田野中迅速成长，最重要的是得到了众多老师们的亲传亲教。我的田野最特别的地方在于，这不是我一个人的田野点，这个田野点吸引了众多历史人类学家的关注和亲临。除了陈、刘、科、赵、郑、程等老师外，还有大批国内学者，陈、刘两位老师甚至三次到了这个田野点。一次次随着老师们在田野上跑，每一次都会有新的感悟和收获。第一次到桂平跑田野，在碧滩村考察的经历让我非常难忘，这是一个客家村落，一行人中只有我会讲客家话，所以承担了向村民问问题的任务，结果晚上集中讨论时就被刘老师狠狠批评说："唐晓涛你今天完全不会问问题，不该问的你问个不停，这个村附近是哪个村，这些村名在地图上不是写得很清楚，有必要去问吗？你该问的问题一个都没有问。"回想起当天刘老师打断我的问题向村民提问："你们在哪里拜祖先？有没有祠堂？可不可以带我们去看看？"之后我们的考察柳暗花明，在现今讲客家话的这个大藤峡核心区找到了显然有着瑶人后代痕迹的族谱，在这群已被标识为汉族的人们的生活区看到了仍受拜祭的石狗！我第一次明白需要以历史人类学的问题意识去问问题。

能够在田野中得到回馈是建立在你对田野的付出上。五年多的求学阶段，我先后十八次共一百九十九天进入田野点进行集中调查，我的足迹遍及浔州府的桂平、平南、贵县（今属贵港市）三县以及临近的藤县、武宣和象州，田野工作的内容主要包括：在公藏机构采集方志及文史资料；在乡村跟踪考察各种民间节庆及信仰仪式，采集碑刻等金石铭文，搜集民间文献；访谈乡村耆老及地方文史工作者；等等。风里来雨里去的田野经历让人刻骨铭心，犹记得第一次追随着仙姑访谈，至夜与仙姑同榻而卧时的忐忑，还有考察土葬仪式时，被主家疑为火葬场职员遭拒时的无奈，获得信任后与道公整夜守护棺木时的刺骨寒冷；当然更记得一次次收获民间文献时的兴奋，以及解读出民间信仰形成的村落联盟对于太平天国运动的发生的根本性影响时的激动……

现在回想，这种在纸质文献与现实田野中来回穿梭的方法应该是历史人类学的精髓。正是在这样的文献与田野交织的过程中，自己积累的论文材料日渐丰厚，更重要的是随着历史人类学理论知识的积累，我终于可以以历史人类学的视角去解读材料，终于真正明白论文的问题是如何从区域社会历史变迁脉络中去理解地方族群身份和礼仪标签的变化，从村落联盟的视角去重新解读太平天国运动发生的历史。

我非常清楚自己不是一个聪明的人，意志力不够，记忆力差到不适合做历史研究，我唯一可以称道的优点可能就是我对于历史人类学的满腔热忱。回顾并详细记录这五年多的师门求学经历，我更加明白，我能够最终完成博士学位论文和博士后出站报告，能够将这些思考写成的论文发表在较高级别的学术刊物上，并得到一些认可，绝对是因为站在了强大的历史人类学导师团队的肩膀上，并因为选题而非常幸运地得到老师们的另眼相看和特殊对待。而我走进历史人类学的学术殿堂并有所收获，2004 年夏天的历史人类学高级研修班正是这幸福开始的第一步！

（唐晓涛，广西民族大学民族学与社会学学院教授，第二届学员）

河南济源

◎ 济水之源读历史

2005 年 3 月，那时候北京师范大学主楼西边还有一排垂柳，鹅黄的柳枝与和畅的微风嬉戏，舒展着婀娜的身姿，树下是几位全神贯注读书的学生，一派生机盎然的气象。景色虽美，我却无心停下匆匆的脚步。刚接到电话，赵世瑜老师找我谈话，估计是讨论论文选题的问题。

前一天我才把在济源、焦作一带田野调查的资料交给赵老师，没想到这么快老师就看过了，莫不是资料太过单薄，支撑不了一篇博士学位论文？我这心里七上八下，忐忑不安。当年我投考顾诚先生的博士，未入门墙，先生就去世了，于是转到了赵老师门下。说实在的，我之前对历史人类学涉猎不多。记得第一次读到科大卫、刘志伟发表在《历史研究》上的那篇有关宗族的宏文，真的令我非常震撼。宗族可以这

济水源头的一汪泉水，济源设县与此泉有关

样研究？不讲血缘关系，不讲宗法统治，而是讲礼仪变革和
国家认同，感觉非常新奇有趣，但真正进入这一领域，一时
还真的是茫茫然无处措手足。入学后，赵老师循循善诱，我
也非常努力地去学习，并赴洛阳、焦作一带进行田野调查，
行走在乡村之间，栉风沐雨，但天性愚钝，自觉对其研究理
念和方法把握不够透彻，所以心里总是不踏实。

　　果然，赵老师开门见山地评价我所提交的民间史料。他
充分肯定了豫西北民间史料的价值，强调济源的独特之处，

它既是历代朝廷祭祀济渎神和北海神的神圣之地，又有王屋山这个道教圣地，还是晋商出入山西的门户，明清时期的宗族史料也相对丰富。他甚至强调仅仅济源的资料就可以写一部博士论文，建议把研究区域从整个豫西北缩小到济源一县。

接着，赵老师突然说到暑假即将举办的第三届历史人类学高级研修班，考虑把考察地点放在济源。这却是我万万没有想到的。2003年的首届历史人类学高级研修班的考察地点是蔚县，赵老师上课时常常提起，那时我还没有入学，无从与焉。他们在蔚县发现了大量的民间碑刻，赵老师和当地文物部门合作，整理出版，邓庆平师姐一直在从事这一艰苦的工作，蔚县因而也成为她博士论文的研究区域。这令我们这些在焦虑中寻觅研究区域的同门羡慕不已。如果历史人类学高级研修班能安排在济源，大师云集，共同讨论，对于我的研究必将裨益多多，这自然是求之不得的事情。

一个星期之后，我和赵老师已经在去往郑州的路上了。中山大学的陈春声老师从广州去往郑州，大象出版社的郑强胜来会，我们一行四人直奔济源。陈老师当时已经是中山大学人文学院的院长了，学问做得好，是我们同门仰慕的人物。据说他和我们赵老师是同年同月同日生，又志同道合，交往密切，但之前我还从来没有见到过他。陈老师高高的个头，操着一口广东腔的普通话，语速很快，反应敏捷，举止潇洒。他风尘仆仆，专程从广州赶往济源，两天时间，就要飞回广

赵世瑜、陈春声二位老师在济源王屋山

州，忙学校的其他事情，真可谓来去匆匆，这不由让我感叹他们对于这次历史人类学高级研修班的重视。

我们先后去了济渎庙、龙潭寺、奉仙观、五龙口渠首、许村二仙庙、中马头村张氏祠堂、南姚村王氏祠堂、关帝庙、汤帝庙、静林寺、王屋山阳台宫、紫微宫、迎恩宫以及玉阳山麻姑庙等诸多地点。这其中既有著名的旅游景点，也有不为人所熟知的乡村祠堂，多亏了济源文物局的领导和工作人员事先安排与全程陪同，设计最合理的路线，每个地方都有人等候，不耽误时间。但即便如此，由于要走访的地点太多，我们的行程非常紧张，甚至中午用餐都是最快捷的，以便留出时间考察更多的地点。

考察地点确定下来之后，赵老师就把信息发布和接受申请的具体工作交给了我和贺利华等几位同学。一时间全国各地高校的申请书雪片一样飞来北京，每天都能收

陈春声老师在五龙口明代水利工程遗址考察

到数十封。我知道，每一份申请书都是一双充满期盼的眼睛，甘肃高校一位同学一天数封邮件，反复表达参加研修班的迫切心情，又索要赵老师的邮箱。但出于经费和安全的考虑，最终只有二十四位同学成为正式学员，甘肃的那位同学最终未能如愿。河南大学民俗专家高有鹏的两位硕士生最后只能以旁听学员的身份参加学习，从开封到北京，从北京到济源，一节课不落，认真地记着笔记，积极参加讨论，这对于我们这些正式学员也是一种鞭策和激励。

历史人类学高级研修班课程分为两部分，首先在北京师

范大学授课，然后赴济源进行田野考察的实践活动。同前两届相比，除了赵老师和清华大学的张小军、中山大学的程美宝三位教授之外，厦门大学派出了刘永华、张侃和饶伟新，中山大学派出了黄国信和温春来，香港中文大学派出了杜正贞，都是历史人类学的新生代年轻力量。一个星期的时间，课程排得满满的，白天听老师讲授历史人类学的基本理论和案例分析、史料识读，晚上讨论，非常紧张。当时印象最深的是复旦大学的博士生谢湜，他本科就读于中山大学历史学系，一口广东味的普通话像连珠炮似的，逻辑清晰，思维敏捷，神似乃师陈春声。

理论课程之后，师生乘坐火车一路南下，直奔王屋山麓的济源市。没有参与授课的老师则从华南赶到济源，他们是中山大学的陈春声、刘志伟老师，厦门大学的郑振满老师，来自香港地区的科大卫、蔡志祥、卜永坚、贺喜和谢晓辉老师，来自台湾地区的王鸿泰、廖文媛和傅宝玉老师。此外，还有来自加拿大麦吉尔大学的丁荷生老师。两路人马汇集济源。

"上车睡觉，下车看庙"，这是学界对历史人类学田野考察的谐谑描述，其实除了二仙庙、延庆寺、静林寺、汤帝庙和王屋山的几个著名道观之外，我们也把较多的时间放到了民间的祠堂和五龙口明代引水工程，先后参观了南姚村王氏祠堂、南官庄村商牛李三家祠堂、西石露头村牛氏祠堂和栲栳村李氏祠堂。每天白天考察、拍照、抄碑，和村民聊天，晚上是研讨会，就一天考察所发现的问题进行讨论辨析，学员提出疑惑，老师发表评论，给予解答。讨论会持续到十点、十一点都是常态，就连文物局干部和宾馆服务员都顶不住了，哈欠连连。

济源考察期间的一些场景至今仍然历历在目。在南官庄商氏祠堂，商氏族人拿出了他们的家堂主，一副裱糊的巨大卷轴，上面按照辈分记录着商氏从始迁祖到当代所有故去的成年族人。这种家堂主实际上就是一个宗族的世系图，但其功能不同于书册式家谱，它是在春节、清明、冬至祭祖时悬挂在祠堂供族人祭拜用的。商氏祠堂的家堂主足有三米长，老师、学员拍照不方便，这时陈春声老师果断站上桌子，高高举起了家堂主的一端，张小军老师见此情形，也迅速地跳上桌子，擎起了家堂主的另一端，站在下面的师生迅速地拿出相机，啪啪地拍照，不但拍下了家堂主，也拍下了两位可爱的老师。那时候，我突然想到了"甘为人梯"四个字。

毫无疑问，这次研修班在济源的考察给了我很大的启发和帮助。一个星期的时间，大家实地考察，了解当地的自然环境，接触大量的民间史料，感悟此地的历史变迁，在此基础上反复讨论。赵老师提出，金元时期本地士人的仕途可能受到较大影响，而此时全真教则受到蒙古人的尊崇，因此一

师生行走于济源的山水之间

些士人做了道士，成为当时济源地方精英①的重要组成部分。

而明清时期以学校和科举为基础的绅士阶层崛起，成为地方

---

① 地方精英是从古代地方社会实际运行的角度出发使用的一个概念，是指古
代介于官府和民众之间的地方权势群体，他们为官府所依赖，在地方事务
和民众日常生活中发挥着重要作用，也引领着民间礼仪和信仰的变迁。因
为他们生活于地方社会，所以在官府与地方社会发生矛盾时，他们往往站
在地方社会一边，是地方利益的保护者。费孝通、吴晗等学者普遍使用"绅
士"（或者"乡绅"）来概括这一群体，但如果拉长历史时段，就会发现
"绅士"并不具有普遍的概括性。就济源来说，地方社会权势群体在金元
时期有军功贵族、全真道士、社长、耆老，在明代有绅士、老人，在清代
有绅士、富商、耆老；近八百年的历史中经历了复杂而缓慢的变化过程。
我们把这些民间社会的权势群体统称为"地方精英"。

事务的支配者。从金元到明清的六百年间，可以清晰地看到地方精英的转变过程。赵老师的这一看法后来成为我博士论文的主题。

陈春声老师也给了我极大的鼓励。记得在延庆寺，我向陈老师讲到我的困惑，这么多的碑刻、家谱，不同的地点，不同的人群，不同的背景，互相孤立，彼此无涉，如何来分析如此纷繁复杂的民间资料呢？陈老师笑着说：把这些民间文献和地方志、文人文集等史料按照时间顺序排列起来，梳理出地方历史变迁的脉络。就说这个延庆寺吧，它始建于唐垂拱年间，舍利塔创建于北宋，里面的碑刻众多，有关于陈省华、陈尧叟父子的碑刻，有历代文人吟咏的诗碑，有重修的记事碑，还有清代羊市的规条碑。一千多年里，从这些碑刻来看，有哪些人在这个空间活动，前后有何变化。结合国家大历史，你会看到一个独特的地方历史变迁过程，这是非常有趣的。他接着说：这里不同于华南，有动辄上千年的历史资料，努力吧，将来把文章投到我们《历史人类学学刊》。这个刊物是中山大学历史人类学研究中心和香港科技大学华南研究中心联合创办的一家学术期刊，是国内历史人类学研究领域最高级别的专业刊物，在上面发表论文，我真的都没敢想过。陈老师的鼓励给我力量，引我前行。

研修班在南官庄考察时，我在村里大路旁边发现了一通嘉庆十六年（1811）的《重修拜殿金妆殿宇碑记》，该碑只

师生们在研读碑刻

有一米来高，用当地山石刻成，材质斑驳，刻写粗陋，书法不雅，一看便知是"价值不高"的民间碑刻。但细读之后，我立即发现了它对于我们理解当地宗族发展以及乡村基层组织所具有的价值。碑刻文字讲村内有创建于明代的观音堂，年久失修，众人重修拜殿，金妆神像，修整院子，还详细记录了工程账目。这里面的关键问题是称观音堂为"本社圣堂"，题名也都是牛姓之人，卖树、市场地铺钱的总收入若干，花销若干，入不抵出的缺额由牛氏三门认领。也就是说，随着宗族文化的发展，乡村原有的社出现了分化，以宗

夜深了，科大卫教授谈兴正浓

族为单位产生了新生的小社，村内小的庙宇也逐渐归属宗族所有，具体到南官庄，集市的管理、收益权也都归属牛氏宗族。这种村社在1949年以后又演变成为生产队。我在晚上的讨论会上从这一碑刻史料出发，提出了我的观点，得到了陈春声、郑振满等老师的肯定。但在展示这通碑刻时，被科大卫老师发现了瑕疵，当时就提了出来："你整理的这通碑刻上的账目是有问题的，总收入加赤字应该等于总支出，但你的数据算下来差了六千多文钱。"我可以解释说碑刻材质粗劣，文字漫漶，但问题是我确实没有核实数据，当时真的是非常尴尬。此事在我心里打上了深深的烙印，是的，学术需要严谨，容不得一点的马虎，在以后的工作中，我常常想起此事，告诫自己，凡事严谨务实。

一晃已经过去十五年了，当年的学员都已经成为各高校的骨干。得益于历史人类学高级研修班，很多人站在了历史人类学研究的前沿，成绩卓著。梁勇如今已经是厦门大学人文学院教授；谢湜是中山大学教授，历史学系主任、博雅学院院长；徐斌，教授，供职于武汉大学历史学院；陈贤波，教授，供职于华南师范大学历史系；马维强，教授，供职于山西大学中国社会史研究中心……无论成就大小，我们都在运用历史人类学方法观察中国，研读历史，也在各自的岗位上教书育人，为古老的历史学科带来一股新风，注入新鲜的血液。

至今记得，当年陪着赵老师、陈老师赴济源踩点时，正值四月初，王屋山的树木尚未发芽，弥望的是一抹苍茫，但令人惊奇得几乎失声而呼的，是苍茫的背景上点缀的一朵朵粉红色的云，两者之间形成了强烈的对比，美得令人心颤。问当地老乡，他们说那是野生的桃花，年年这个时节装扮那苍灰色的王屋山，给人们带来惊喜，带来美丽。桃花开了，一片光彩，满眼灿烂，桃花谢了，结出丰硕的果实，果实落下，又会长出稚嫩的桃树幼苗，带给王屋山朵朵彩云。我们

王屋山迎恩宫周边，依稀可见怒放的野生桃花

的研修班何尝不像王屋山上的野生桃花，一届接着一届，传播着新的理念，培养着研究人才，使历史研究的百花园姹紫嫣红，硕果累累，一如美丽而神奇的王屋山。

（李留文，郑州航空工业管理学院人文社会科学学院教授，第三届学员）

◎ "乡瘾者"

　　自第三届历史人类学高级研修班结业之后，我似乎就染上了一种瘾，到了一个陌生的地方，只要有时间，就非得把当地的古今方志找出一两本，或搜索一些史志文章，途中浏览一二。要是在当地刚好邂逅文本中提到的史迹，或听到当地人讲起某段似曾相识的历史记忆，就会兴奋不已，马上开始浮想联翩地串联历史线索了。

　　乡村调查的兴趣日渐浓厚，考察地点就从农村拓展到都市，乡村视角也从户外延伸到书斋，所关注的文献范围从民间文献联结到传世文献，从文本材料扩大到声音、建筑、仪式、景观等等，看到疑似碑状石块总要靠近多看几眼，看到任何景点的介绍铭牌就要问个究竟，乡间遇见一个老人家就总想去做访谈。一次旅行中，只要同行者中有几人染上这种

"乡瘾"，就经常把一个短暂的观光游览随时变成一个历史人类学考察，接着就会打乱既有的游览计划，甚至因为停下来读碑、看谱、随机访谈而掉队，现场的讨论也很可能引来游客、当地乡亲好奇的围观。考察性质转变之后，"乡瘾者"们在实地、在车上、在饭桌上脸红耳赤的争论，通常会营造出某种特别的气场，在那些讨论氛围中，常识的误区和解释的纰漏、纸上谈兵和穿凿附会的危险也慢慢会被化解，重读文献乃至再访实地的热情也容易被激发。言者无心，听者有意，旁观者、同行者很容易受到触动，引发学术共鸣，慢慢地也会被传染，成为下一个"乡瘾者"。

在 2005 年参加第三届历史人类学高级研修班之前，我有过几次实地调查初体验。第一次是 2004 年底随吴滔老师参加了同济大学国家历史文化名城研究中心阮仪三、张雪敏等先生组织的瓜州运河申遗规划调研；第二次是 2005 年清明节与吴滔、佐藤仁史、太田出等老师赴江南嘉兴、湖州地区进行民俗调查；第三次是 2005 年 6 月下旬有幸加入科大卫、萧凤霞、葛剑雄、刘志伟、郑振满、赵世瑜、陈春声、张侃等老师的队伍，参加温州、苏州调研。

在前两次的考察中，吴滔老师指导我结合扬州和苏州的县志、乡镇志的阅读，踏访实地，给我留下很深印象，也点燃了我从事江南研究的热情。在温州调研过程中，我每天跟随老师们在温州公藏机构查阅晚清民国的日记、笔记，在乡间阅读族谱、碑刻等民间文献。当时我不明白，为什么老师们可以从族谱的片言只语中讨论很大的问题，而自己即使读了相关内容，也不知其所以然，于是问了很多完全不靠谱的问题，这让陈春声、刘志伟老师哭笑不得，也有点担心。于是，有天晚上他们和科大卫、赵世瑜等老师聊天时，喊我过去泡工夫茶，记得陈春声老师跟大家说："谢湜好像不知道我们在干什么，你们看怎么教他。"其他老师一听，纷纷主动给我"补课"。其间，围绕如何让我听明白，他们彼此又有争论，拉锯了个把小时，更加莫衷一是。刘志伟老师只好叫停争论，"精辟"地总结："谢湜我告诉你，老师们的意思就是说，你可能以为历史记载是那样的，其实，不是的。"当我们都等他接着展开阐述时，他说："好了，讲完了。"于是，当晚的这场补课就在其他老师的哈哈大笑中结束了。回到房间后，我感觉很蒙，努力回味老师们的话，然而"悟禅"无果，经历了头脑风暴，觉得很累，只能倒头大睡。

随着考察的推进，特别是刘志伟老师途中的点拨，我开始有点感觉。刘老师说："我们研究历史首先不是为了讲清楚某个道理，而是要通过各种文本的解读去理解历史的过程。"这番主张不讲道理的"道理"，对我十分重要。后来，我慢慢开始改变自己读史料的方法，尝试去梳理史料，追述历史过程，而不急于归纳总结。我也渐渐明白了，在实地考察和访谈中深入阅读地方文献，是为了从社会实践的角度去理解国家制度的实际运作。现在回想起来，这是一个非常重要且及时的方法论纠偏。考察过程中，老师们非常生活化地谈论学术命题，也让我进一步体会到做学问的乐趣。当然，必须承认郑振满老师的"灵魂拷问"——"谢湜，你居然不会打'升级'，你是怎么活过来的？"当时也让我备受打击。

有了这三次初体验，在北京师范大学开班式后，听张小军、黄国信、温春来、张侃、刘永华等老师的理论和实践讲座，感觉便亲切了些。学习了这些课程，我也意识到，历史人类学作为一个交叉学科领域，牵涉到诸多复杂的学术史和理论问题，而民间文献的搜集和利用也绝非轻而易举。研修班同学间的交谈，则令我明白山外有山，必须永远秉持开放、谦逊的态度去理解更多的学术思想和流派，不能将历史人类学画地为牢。当时的住宿地点是校外的红星招待所，每天晚上回到房间，都没有热水。作为一个广东人，来到北京，直接体会到户外天气的干热和地下水的冰冷，每天临睡前都必须接受一场"冷静"的考验，大概也起到了消除浮躁的效果。

在北京上完三天的课程，研修班拔营赴河南济源。在长途火车上，不会打牌的苦恼涌上心头。好在几天时间里我早已和研修班同学梁勇、罗艳春、王大学、焦鹏各位仁兄建立起深厚友谊，他们不厌其烦地给我启蒙，鼓励我上桌实践。

两副牌"升级"初试通过，这成为我本届研修班结业的一大收获，从此也在郑振满老师面前树立了"好学"的形象。

初到济源，济渎庙的历史足以令人震撼，五岳四渎的神圣符号、唐代古墙的斑驳沧桑、宋代木构的巧夺天工，扑面而来。第三届研修班还没有形成后来研修班制作专门的田野文献读本的规范运作，我和大部分学员一样，被直接"丢"进聚落现场，从各种途径获取史料信息。在济渎庙阅读碑刻时，郑振满老师开始启发我们关注碑文中"老百姓的声音"，大家都觉得十分生动有趣。研修班晚上组织密集讨论，老师们期待颇高，但由于地方文献阅读不足，刚开始时，学员们要么围绕比较宽泛的方法论问题提出疑问，要么就某个实地

学员们晚间的讨论

考察的细节纠缠不已，作为学员兼向导的李留文兄是研究济源的专家，但他一时也不知用什么方式将丰富的信息通过有效的方式引导我们的讨论，老师们都颇为着急。

第二天晚上，某段讨论环节触及田野历史真实性的讨论，这个时候科大卫老师忍不住挺身而出，把几位学员教训了一通。后来学员们回忆起这个细节，都觉得当时科老师就像手擎战斧的天神，飘浮在半空，一斧头一斧头地砍下来，让人不寒而栗，备受震撼。

其实，当晚科老师解决了我们很多人的疑惑。譬如，有同学认为，村里收集到的文献不一定真实，科老师笑着解释：我们学历史不是只追求一个唯一真实性，而是要看到多重的"真实性"，如果一块刻着文字的碑刻躺在你面前，你都不去承认存在一块碑刻这件真事，而首先是去质疑碑刻里记载的内容是不是真实的，那我们就根本不用做实地调查，也就不能辩证地理解作为"真实"的虚假或虚构了。

还有同学觉得，大家一讨论就回到历史，联系现实不够紧密，没有关心老百姓的现实生活，这下把科老师气得涨红了脸，他站起来辩驳：我们在田野考察时哪里是只关心历史，我们是在关心今天的中国，你要看到，在今天的中国，老百姓们还在重复着几百年前的仪式，那是因为这些仪式对他们很重要，而我们要关心他们的想法，关心他们的生活，就得去理解他们为什么、怎么样遵守和举行这些古老的制度和仪

科大卫老师的批评经常是很严厉的

式⋯⋯在济源的考察中，我还注意到，老师们在乡间访谈时，经常会关注当地乡民的经济和生活状况，我至今还清晰记得，村民介绍了济源盛产花椒，而且大面积种植玉米用来喂牛的细节。这些访谈体验，对我后来自己从事乡村调查也是影响很大，我更加坚信，只有关注人的日常生活，才能理解历史。

在到达济源的第一次实地讨论中，研修班"校长"赵世瑜老师就跟我们介绍了卜永坚老师每次田野考察都随身携带旧方志，以及在庙宇中阅读碑刻时首先绘制空间分布图等先进经验。他和郑老师也反复提醒大家，要将实地所见所闻放入历史脉络中去理解。在研修班出发前，我恰好在电脑中下载了几部府志和县志，于是在济源宾馆里开始挑灯夜战，努力把方志里讲述的历史事件和地点简要记录在考察笔记中，白天到了现场就容易对应起来了。

在实地考察课程中，对沁水引水工程"五龙口"以及五

田野访谈

龙引水各渠系沿线村落的考察，对我理解济源水利开发的社会过程帮助最大。8月3日下午，我们拜访了位于原利丰区灌区的梨林镇大许村，在村中二仙庙内访得一水册碑，碑阳为乾隆六年（1741）河内县派发的利丰二渠利地清册，碑阴镌刻有五龙口分水总图，按图索骥，乾隆二十六年（1761）《济源县志》的相关叙述的时空序列得以直观地呈现了，这让我兴奋不已。细读水册碑文，我还发现此类水利清册所代表的秩序化管理，并非限于一隅，其涉及的地域非常广阔。赵世瑜老师也悉心指点，指导我将乾隆时期沁水水利的发展置于清代晋、豫之间"泽潞商人"的贸易和活动中去理解，这对我启发非常大。我开始尝试突破一村一县一府的范围，去思考济水、沁水水利开发背后更大的地域联系和社会机制。

在回程的大巴车上，我刚好跟卜永坚老师同座，遂请教一二，报告了我对济源水利开发时空序列的粗浅思考。卜老师对我的想法鼓励有加，"怂恿"我晚上参加圆桌讨论时就讲述这段历史。途中他又掏出方志，跟我讲述了方志中一桩官员间水利论争的趣事，对我启发很大。能一起在实地读同

我与卜永坚老师在小浪底水库大坝上

一部方志并产生共鸣，我顿时觉得十分激动。

当天傍晚回到宾馆，我狼吞虎咽地吃下几口饭，思维就已经完全沉浸在县志的记载和白天的见闻之中了。饭后我一边翻阅、抄录史料，一边走进讨论会场，坐下之后完全不知其他人在讨论什么问题。忽然卜老师在后排座位说："我知道谢湜有很厉害的想法。"我被吓了一跳，结果主持人点名让我发言，我手心直冒汗，迟疑了几秒，才跟大家说，有点突然，没准备好，容我打开笔记试着讲讲。我展示了笔记本中一幅在途中草绘的流域示意图，然后开始结合方志史料和实地所见文献，讲述了宋代熙宁变法时期的济水水利开发，再到明代沁水水利开发和各渠系修筑的过程，接着对县域水利秩序和县际、府际水利纠纷进行了讨论。我隐约看到陈老师和赵老师点头肯定，卜老师也一直朝我微笑，我觉得自己应该是过关了。多年以来，我一直感怀卜老师的这次突袭推荐。

济源的实地考察是辛苦而愉快的，途中也是状况迭出，奇闻不断。首先是最为辛苦的研修班"校长"赵世瑜老师因为筹备会务劳累过度，忽然嗓子发炎"失声"，遂使他一路维持了敢怒不能言的"和蔼"形象。相反的是，晚上讨论时，科大卫老师几番战斧出动，外面就电闪雷鸣，而轮到郑振满老师点评，屋外就开始下雨，让人啧啧称奇。8月2日考察一山间道观，观内小院惊现"推动历史靠人类，仙佛圣道在

自左至右：刘志伟、陈春声、程美宝、张小军

凡间"的对联，这一颇有见地且有趣的历史人类学"新解"
实在让人忍俊不禁。在学员们的怂恿之下，几位大佬在对联
前合影留念。

第三届研修班结业后，我很快回到复旦大学历史地理研
究所，继续我的研究生学习。2005年秋季学期，我正好选
修了邹逸麟先生的"河渠水利文献导读"课程，其间对水利
共同体的问题颇有兴趣，遂阅读了相关理论文章。在请教了
邹先生后，我将济源考察的心得进一步加工成一篇专题文章，

作为该课程的作业。在这篇习作中，我主要围绕明清时期济源和河内两县的水利开发，讨论县际行政、地方权势及两者的相互联系，如何对不同时期的引水技术、灌溉利益、农田开发等方面产生影响，从而揭示16、17世纪豫北灌溉水利发展史中的制度转换和社会变迁。我认为，"水利共同体"的结构分析模式可能限制了水利社会史研究的时空尺度，主张通过对地域拓展过程的动态考察，开阔华北水资源和社会组织的研究思路。习作完成后，吴滔老师推荐我向《清史研究》投稿，后来有幸通过评审。在修订发表过程中，中国人民大学夏明方老师惠予指正，令我受益匪浅。赵"校长"得知我的习作发表，也感到十分欣慰。

纵观过去十多年，历史人类学高级研修班开创的富有特色的田野教学模式已开花结果。许多学校在实践教学和暑期学校中采纳或借鉴了这种模式。作为学员的我，后来也多次成为"田野与文献研习营：南中国海的历史与文化""两岸历史文化研习营"等活动的田野导师。每次和更年轻的学员们在一起，我总会想起自己的济源之行，也更能理解他们的困惑、激情和感动。十多年来，我和中山大学历史学系的同事们以及海内外各相关学科的同行们一起，继续推进历史学实践教学。在自己的研究实践中，我也在努力思考，如何推

我与赵世瑜老师在小浪底水库大坝上

进历史学处理地域时空及人地关系变迁方面的理论与实践创新，融合历史地理学与历史人类学的研究路径，建立基于中央档案与地方文献互鉴、文本解读与数据分析互联的框架，并充分考虑人类活动对环境的综合影响以及在社会空间再生产中的能动性，关注跨地域人群流动的社会文化机制，拓展区域研究的新思路和新问题。

2019年在飞机上看过一部科幻爱情电影《吻瘾者》，该片演绎了一场关于科学、信仰和爱情的思辨。时空交织之间，"吻瘾者"的寻觅和传递引发着人们对生命意义的思考。我想，一代一代的"乡瘾者"们乐此不疲地"走近传统乡村""走进历史田野""走向历史现场"，也许是某种学术趋势以及学科格局使然，但更多的只是顺从了求知者内心的追求。

2005年王屋山下的奇妙经历，让我彻底染上了"乡瘾"。在这片冀州之南、河阳之北的大地，愚公移山的传说流传了千百年。河曲智叟也是理性之人，但遇到移山成瘾的愚公，又听说邻人京城氏孀妻之遗男跳往助之，大概也只能慨叹瘾者皆愚，无可救药。

（谢湜，中山大学历史学系教授、主任，博雅学院院长，第三届学员）

◎ 济源班回忆碎片 [①]

　　大约是在 2015 年 7 月的某一天，已任职于华南师范大学的周孜正兄与我在武汉重逢。算起我们的结识，要追溯到 2005 年举行的第三届历史人类学高级研修班之上，在那次研修班认识的人有很多成了知交好友，过从甚密，也与一些朋友天各一方，未再相会。若非此次再聚，孜正兄似乎也要归属于后者了。十年后重逢自然颇多感慨，席间聊起各自正在做的一些研究时，他惊叹道："你还在做历史人类学研究啊？！"在那一刻，我是真的愣住了，原来在不知不觉中自

---

① 接到赵世瑜老师的指示，希望所写的文字能够一气呵成，此时正身处新冠肺炎疫情中心的美国洛杉矶，在这个充满魔幻色彩的 2020 年，各种乱象均过了眼，心情也如同坐过山车一样，起起伏伏，实在难以有一气呵成之感，唯有在忆及于此时，才不时有一些温暖的碎片化图景映入脑中，只好就以碎片的状态呈现出来了。

己的身上已经有了"历史人类学"的烙印，只是，我真的知道什么是历史人类学吗？我所做的真是历史人类学研究吗？恍惚之中，似乎又回到了那个"开启心智"的夏天。

2003年的夏天，师兄杨国安参加了第一届的研修班，按照课程要求，需要提交一份田野考察报告，他准备拉上我一起；闻此消息，鲁西奇老师也愿意参加，并建议跑一下秦巴山区。于是，鲁西奇老师、杨国安师兄、江田祥师弟与我一行四人就借此契机，完成了对郧阳府属秦巴山区的一次较深入的考察。这可以算是我与历史人类学高级研修班的第一次结缘，似乎也算是第一次正儿八经地跑田野吧，种子就此种下，只待它发芽。回想当时听师兄的介绍，第一个感觉是怎么会有这么好的事情啊，教给你本事不仅不收费，还给报销学习期间的路费、餐费，更给你经费去跑田野；另一个感觉是，这种做学问的方法真是有趣，不仅可以到处游玩，还可以吃到各地的美食，唯一的缺点就是挺费钱的。于是，在2005年的夏天听说了针对在读硕博士的第三届历史人类学高级研修班的报名消息之后，便毫不犹豫地报名，也很幸运地入选其中。

研修班的学习分为两个部分，前半段是在北京师范大学的教室里听课，后半段是去河南济源跑田野。那个时候真的是啥都不懂啊，其实，直到今天不懂的东西更多了，对于课堂上老师们到底讲了些什么真没啥印象了，倒是对给我们上课的老师们记忆犹新。我记得有"校长"赵世瑜老师，以及张小军老师、程美宝老师等，还有侃爷（张侃）、饶百万（饶伟新）、大师（刘永华）、国信公（黄国信）、春来兄（温春来）与熊妈妈（杜正贞，那时候还不是妈妈，妥妥的女神一枚）等。对于后几位来说，虽然闻道在先，但毕竟与我们这些学员年龄相当，在日后熟识之后，若要称呼老师，则总是有些难以开口的。听说他们出任研修班讲师，是出于科大卫老师之意。呵呵，大佬的一个想法，让我们自此之后便"矮了半辈"，轻易地就拨动了你的人生曲线。幸亏有此命运者不只是我一人，同届同学相聚时，玩笑间也是颇有同感。相比之下，同届的学员之间则无此顾虑，来自国内各大高校、师出名门的才子才女们汇聚一起，自然是要相互结识一番的。其实，无论何时何地，同学间的情谊当然是最值得称道的，毕竟长时间在同一个空间内以相同的情绪共同营造着一种氛围，自然而然地就会产生共鸣与默契。

同学之中，除了本就熟识的罗艳春之外，第一次见面时印象最深的，还要数谢湜与陈贤波等几位操着南方口音的同学，一开口就是扑面而来的浓郁海洋气息，并且在充满笑意的言谈中，每一句话都极富幽默感，细想一下，又觉得精辟无比，聪明至极。后来见到了陈春声老师，才恍然意识到，原来根子在这里啊。随着课程的进行，与其他同学也渐渐熟络了起来。比如说，知道了王大学的弟弟叫"王小学"。在我的印象中，梁勇好像不是那届的在编学员，而属于"工作人员"序列，由于赵老师连续承办研修班，这当然是一份极大的"差役"，但不少赵门弟子得近水楼台之便，也是着实令人艳羡不已。作为第一届的工作人员，邓庆平也好像来听过两次课。记得在一次下课去食堂的路上，她听说我是学经济史的，如果没记错的话，问了我一个有关银钱比价的问题，我当时真的不知道，无言以对，实在是汗颜啊。还有一位让人印象深刻的"编外学员"，是一位好像来自河南的女生，文文静静地坐在教室的后面，后来才听说她未被录取为正式学员，自费前来参加研修班。我在真心佩服她的求学精神之余，也为自己的不知努力而暗暗惭愧。

大概是源自从小的秉性，相比于在教室里学习，我更喜欢跑到外面去撒欢儿，所以对于跑田野的印象颇为深刻。本次研修班的田野考察地点是河南济源，赵门弟子李留文的博士学位论文研究区域。中原大地真是到处都有文化啊，河南济源有太行、王屋二山，"四渎"之一的济水发源地，又有着大名鼎鼎的"愚公"，这些都是教科书教给我们的"大历史"，李留文关注的则是这个地方有很多宗族组织。当时我提出宗族组织在北方大地上似乎没有南方那么普遍时，程美宝老师反问了一句："你怎么知道北方的宗族就没有南方普遍呢？什么是宗族？"这记当头棒喝，直至今日仍让我的耳朵嗡嗡作响。我相信，很多学员可能跟我有相同的感受，

学员们在读碑（罗艳春摄）

那就是还没有完全建立起来的知识体系，又被冲得七零八落了，甚至曾有的一点因为用心啃过书本而带来的自信心，也因为书本原本可能是错的而碎了一地。带着这样的感觉，我们离开北京，乘坐火车前往济源。

在北京上课时，很多大佬都没有出现，但是到了济源，科大卫老师、蔡志祥老师、丁荷生老师、郑振满老师、刘志伟老师、陈春声老师等传说中的大佬们便悉数登场了，看来田野远比我们这些愣头青更加吸引他们的注意。我记得好像还有王鸿泰老师，与贺喜、谢晓晖等才女的第一次认识，也应该是在这次田野考察活动中，当时她们好像都还在香港中文大学念博士。大佬们除了刘志伟老师之外，不仅自己出现了，还清一色地把女儿也带了过来，再加上"校长"赵世瑜老师的千金，这就是研修班历史上一次著名的"女儿会"。我们这些学员在私下开玩笑说，看来做历史人类学研究有一个定律，那就是要想做得好，生女儿是必需条件之一。多年以后，我有了双胞胎女儿，回想起当年我们杜撰出来的玩笑，不禁莞尔。

在济源的学习方式是白天跑田野，晚上就白天所见所闻进行分组讨论。虽然每天晚上讨论时都会被一些同学的能力惊艳到，也会在不断的追问下面露尴尬之色，但这种方法这让我们明白了田野考察的工作程序，日后照葫芦画瓢，也算是知道怎么工作啦。

对于济源，第一个印象是热得不像是北方地区。我是从武汉来的，原本是不怕热的，但着实没想到河南的 8 月也这么热。在外面跑田野的时候，往往是汗流浃背，酷热之中，我记得一个关于侃爷的特别有意思的画面，就是在读碑的时候，有一块碑上的文字不是很清晰，他便用手指蘸了自己额头上的汗水去润湿那几个字，来加以辨别。多年以后我们习惯了用面粉辨字，并被称为"面粉党"，但这个画面还是让人记忆犹新。关于热的另一个记忆，就是每次从村落回到大巴之后，车里的空调总是吹得人昏昏欲睡。通常情况下，罗艳春和我都会躺在大巴的最后一排上睡觉。有一回看到他睡得非常香，就故意去吵了吵他，没想到这家伙瞪了我一眼之后，居然还能接着继续做美梦。

关于济源的第二个印象，就是这里的水资源挺丰富的，而且灌溉体系也比较完备。记得赵老师那时候完成了一篇有关山西水资源的文章，考察当地在水资源有限的状况下是怎样"分水"的，与山西一山之隔的济源却是水资源相对丰富，赵老师于是感叹道，怪不得山西缺水啊，那里的水都流到山这边来了。边读材料，边跑田野，这种做法能够让人更快地理解文献，触碰到记载内容背后的那些"言外之意"。不过，每个人的悟性还是不一样的，能体会多少，还是靠自己。感觉这批学员中，谢湜是悟性最高的那几位之一，不仅如此，他还特别勤奋，很快就写好了一篇有关济源水利的文章，日后他成为国内历史系最年轻的系主任，在那次研修班上就可以窥见端倪了。

广利渠首闸碑（罗艳春摄）

学员之中，与中山大学有关系的最多，他们有些是中大本科毕业，有些则是正在中大念硕博士，每每一起合影，一呼百应。赵门弟子不甘示弱，也会紧接着再来一波，因为不少作为工作人员的赵门弟子的加入，自然也是声势浩大，倒是弄得我们这些两不靠的学员有点无所适从。于是，在晚上与山西大学的马维强等人的闲聊中，便有了如何在学习"华南学派"各位老师的长处时保持自己的特色等这类"高深"的话题。后来才知道"华南学派"只是外部对一群志同道合的老师的总称，他们除了观察事物的角度与方法有些类似之外，每个人都有自己关注的重心、自己的特色，由此才明白那是个伪命题。

济源地区家族的物化特征——祠堂的确很多，但祠堂内部的布置与我在鄂东地区看到的有很大的不同。比如说，有一个祠堂把碑都搬到了香案之上，每通碑上都刻有世系，整齐地分成了几排，供族人祭拜。因为当时我曾经注意过明清鄂东地区有一种被称为"香火家庙"的家族性庙宇，在一所祠堂里，科大卫老师专门把我叫过来，告诉我说，这就是士大夫的"家庙"，言下之意应当是，你那里的家庙不是那种合乎礼制的"家庙"，估计当时我傻眼的样子，让老师觉得这学费算是白花了，隐约记得老师好像还生无可恋地摇了摇头。

另一个与科老师有关的场景，好像是在山中的一个道观

张氏祠堂的神主、谱系碑（罗艳春摄）

里，这座明代保存至今的建筑似乎还跟孙思邈扯上了关系。当时记得科老师说，这非常宝贵，因为在南方很少能够看到真正的明代建筑了。我又傻眼了，也是没办法，积累实在太少了，真的看不出道道来，只好又让老师失望了。碎了一地的信心，让我开始躲着老师们走了。现在想想也是不应该，不过当时的确需要一点空间去熬过那个"破"的痛苦过程，才好去迎接那个"立"。这种心态还是造成了一些不太好的结果，比方说，在那次研修班知道了赵世瑜和陈春声两位老师居然同年同月同日生，而且正是在我们田野考察期间过生

老师们和当地村民在祠堂外合影（罗艳春摄）

日，不过，那天晚饭后急匆匆躲回房间去消化食物以及白天所见，我正好错过了。

回到周孜正兄不经意间带来的"灵魂拷问"，我所做的研究是"历史人类学"吗？其实，后来听老师们讲，这个"历史人类学"的旗号只是为了增加辨识度而已，按照刘志伟老师的说法，他们所做的研究应该称为"人类历史学"。研修班的最后一晚讨论时，好像赵老师已经累得"失声"了，于是便由郑振满老师进行总结发言。他指出，要在村庄中找国家，要研究大历史，把文献放到田野中去，把田野当作一个思想的实验室。我想，这大概是老师们对"历史人类学"较为一致的界定吧。多年以来，虽然由于自己的懒散，所做研究总是进展很慢，不过，这句话倒是一直记得，也力争让自己的每一篇东西能够在这个"实验室"中得到检验，不至于去制造"学术垃圾"。从这一点上看，我的确算是在做"历史人类学"。

（徐斌，武汉大学历史学院教授，第三届学员）

山西晋城

◎ 走在乡土上

历史人类学训练的记忆

乔新华

  2020 年新冠肺炎疫情中的 7 月，《"乡校"记忆》的约稿，再次唤醒我自 2003 年以来接受历史人类学训练的所有记忆。由模糊到清晰，由不解到认同，恍惚间觉得这一回忆本身颇似历史人类学研究中的"逆推顺述"。立足当下，才愈发理解 2003 年夏天以"历史人类学高级研修班"为名相聚在一起的我的师辈们的良苦用心与学术追求。换言之，作为此后十多年来围绕"历史人类学"进行理论讨论和研究实践的历史学学术共同体中的一支新兴力量，历史人类学高级研修班本身在不断丰富和清晰"历史人类学"相关认识的同时，一定程度上也在历史本体论、认识论和方法论方面推动了历史学的纵深发展。也是在这个意义上，作为 2006 年第四届历史人类学高级研修班（晋城班）的学员，我把那次集中学习放在对此后十多年来个人学习研究实践的影响中，借此总结我接受历史人类学学习训练的认识与收获。

通过"历史人类学"的学术训练，进一步强化了历史学研究既要"知其然"，更要"知其所以然"（本体论）。这无疑是历史学学科内在理路的追求，但我主要是借以"历史人类学"的学术训练才有了真切的体认，这很难得！

我至今仍清晰地记得，无论是 2003 年第一届历史人类学高级研修班河北蔚县调研，还是之后的山西洪洞、晋城田野考察活动，在当时对这样的行动其实并不是很明白，因此下到田野后进入这个庙那个庙，基本还是云里雾里的感觉。好在当时既有田野之前的理论课程，也有田野结束当晚的集中讨论。老师们既要强化"问题意识"又要警惕"理论先行"的叮嘱声声入耳，这促使我绞尽脑汁琢磨究竟什么才算是历史人类学学术共同体追求的"问题"。我们都大概知道科学研究的第一步是能提出一个真问题、好问题，但在各自研究实践中我们也常为"问题"而苦恼。尤其对于历史学，当我们领悟了历史真相永远无法完全复原这一难题后，接踵而来的便是即便尽可能多地讲出了"是什么"，那然后要干什么呢？这无疑是 20 世纪初太平洋两岸的梁启超与鲁滨逊（James Harvey Robinson）面对旧史学提出的疑问，并开启了此后一个世纪以来中西方学术界的不断探索。在这一进程中，我认为围绕"历史人类学"汇聚起来的学术群体有一个鲜明的特点——着力于探究"所以然"。

更为重要的是，经过多年的实践研究总结，"历史人类学"对探究"所以然"又给出了"结构过程"这一形象具体的可操作手段。[1] 如果说"历史人类学"的学术训练，使我明了学术研究中要谨记提出一个"为什么"的问题，那么"结构过程"这一"历史人类学"的概念，则让探究"所以然"这一问题变得更加形象、具体，更加有迹可循。赵世瑜老师指出，结构过程是我们的研究对象。从研究者来说，就是指要认识特定区域内的个人或者人群怎样通过其有目的行动，去织造出关系和意义的网络，也即制造出一个"结构"，其后，这个结构又影响着他们的后续行动，这个行动—结构—行动的延续不断的过程，就是历史。[2] 我理解这也就是研究所要面对的"所以然"。

通过"历史人类学"的学术训练，一定程度上找到了认识过去、获得新知的重要切入点（认识论）。比如，前辈们提出的"礼仪标识"，为许多研究提供了很好的思路线索，

---

[1] 刘志伟：《地域社会与文化的结构过程——珠江三角洲研究的历史学与人类学对话》，载《历史研究》，2003（1）。

[2] 赵世瑜：《结构过程·礼仪标识·逆推顺述——中国历史人类学研究的三个概念》，载《清华大学学报（哲学社会科学版）》，2020（2）。

这很不易！

作为学术研究的第一步，研究对象找准了，研究问题明确了，接下来面临的问题就是怎么去认识、分析、解决你所提出的问题。对此，"历史人类学"也从实践中摸索出一些独特的方法，比如，"礼仪标识"这一概念背后就蕴含了丰富的内容并成为分析问题的较好切入点，当然，这一概念的提炼凝结着前辈老师们的心血与智慧，烛照着后学跟随前行。

"进村找庙，进庙找碑"曾是学界对"历史人类学"学术群体的一个形象概括，这是历史研究跨出书斋的重要一步。对于这一步跨越，我起初也只是理解为到田野中寻找图书馆没有收藏的文字资料，今天已然明白这一认识略显简单，但在2006年晋城班学习时显然还不甚了了。晋东南的8月夏日炎炎，辗转在青莲寺、玉皇庙、海会寺、关帝庙、纯阳宫、会真观、巴公镇、郭峪村等特定空间中，我不明白这些看似互不相干的道观、佛寺、村庙背后究竟如何指向研究的问题，在迷惑不解中，老师们的一次次发问与提醒让我渐渐有所了悟。

首先是明晰了史学研究范式从传统宏大叙事向现代细致微观深描的转向。这固然是历史学学科自身不断深化发展的必经之路，但转折并非易事。在这一转型的百年历程中，以社会史——区域社会史——历史人类学为渐进发展的学术群体无疑是新史学的重要力量。围绕国家与社会、大传统与小

郭峪村民宅

传统、大历史与小历史等理论的讨论都曾推动了这一转向。作为身处史学观念变革中的一代人，有机会接触到"历史人类学"理论学习与田野实践，无疑是幸运的。持有对史学的新颖认知，也便于在新旧观念转变的复杂声音中保持一种定力。

其次是明白了"礼仪标识"即地方社会的成员所认为的重要、客观且可见的礼仪传统标识。并且认识到庙宇是其中非常重要的一种"礼仪标识",因为庙宇在乡村中扮演着重要角色,这个角色不仅是乡村生活的需要,而且还是乡民和国家沟通,使他们和国家的政治生活连接起来的一种需要。有了这种认识,自然就明白了为何要"进村找庙"。

最后是大体知道了"进庙找碑"的具体内涵。碑刻、族谱、口述资料等作为补充图书馆、正史记载中所缺的地方文献,其史料价值自然容易理解。但同等重要的还在于田野方法对研究所起的重要作用。郑振满老师指出:"历史学家的田野调查,不仅是为了拓宽史料来源,更重要的是为了转变史学观念。"[1]陈春声老师多次强调:置身历史场景,感受地方民俗风情,在历史场景和历史记忆中阅读文献,必会加深对历史记载的理解。[2]现在我基本上循着当年老师们提出的几个关键点思考问题,即在一个特定的区域空间中,究竟在什么时候(when),谁(who),做了什么(what)、为什么要这样做(why)。基于此,我也逐渐明白老师们经常提到的搜集史料要做到"竭泽而渔",解读史料要做到"敲

---

① 郑振满、郑莉、梁勇:《新史料与新史学——郑振满教授访谈》,载《学术月刊》,2012(4)。
② 陈春声:《走向历史场景》,见"历史·田野丛书"总序,5页,北京,生活·读书·新知三联书店,2006。

青莲寺

骨吸髓"的重要性，无疑这都是非常宝贵的研究方法，值得代代传承。

通过"历史人类学"的学术训练，多少掌握了解决学术问题的一种较好的表达方式（方法论），这很实用！

研究问题明确了，研究的切入点也找好了，按理说研究工作主体的三分之二就基本完成了。但一部好的研究作品，还需有好的表达方式，在这一点上，历史人类学所倡导的"逆推顺述"很值得学习。

赵世瑜老师指出：如果说结构过程是我们的研究对象，礼仪标识是研究的切入点，那么"逆推顺述"就是一种特定的研究方法或技术。所谓"逆推顺述"，就是将在自己的田野点观察到的、依然活着的结构要素，推到它们有材料可证的历史起点，然后从这个起点将这些结构要素一一向晚近叙述，最后概括出该区域历史的结构过程。这一概念的提出及对概念的阐述是最近两三年的事情，但较早就贯穿在赵世瑜老师的研究作品中，我本人受教于他，较早受益。

历史书写与历史观念密切关联。长期以来，一则在传统王朝史观下，通常的历史书写以王朝世系更迭为历史分期，这样很容易遮蔽不同区域的历史发展脉络轨迹。早期关于地方史的研究就存在这样的问题，如程美宝老师指出的，"中国地方史的叙述，长期被置于一个以抽象的中国为中心的框架内，也是导致许多具有本土性的知识点点滴滴地流失，或至少被忽略或曲解的原因"①。犹记得2005年当我把二十万字的博士论文初稿交给赵老师后，约两小时后就被约谈，赵老师一针见血地指出论文的写作方式并没有从具体的研究点山西洪洞出发，而是按部就班地套用了王朝更迭的话语体系。这次修改给我以后的写作方法以深刻的启迪，至今受益匪浅。待阅读到近年关于"逆推顺述"这一写作方法的具体表达，更明了这一历史书写的确有助于更为清晰准确地阐述历史问

---

① 程美宝：《地方史、地方性、地方性知识——走出梁启超的新史学片想》，见杨念群等主编：《新史学：多学科对话的图景》，678页，北京，中国人民大学出版社，2003。

题，在我看来非常实用。

再则由于史学内部专业方向的设置，研究者在研究问题时也囿于专业分段而呈现出"马路警察各管一段"的局面，这又容易遮蔽同一问题从始至终的全貌性发展脉络轨迹。二十年前，赵世瑜老师曾发问，在 21 世纪之初，我们需要自我反思一个看来十分浅显的问题：我们是在怎样写历史的？我们为什么不假思索地选择属于某一个断代的问题来做研究，比如秦的统一、汉武帝罢黜百家、两税法、康乾盛世或者洋务运动？是因为这些题目有意义，还是仅因为我们是秦汉史、隋唐史、明清史或者近代史专业出身？有没有一种原因，即许多人只是因为自己出身于某个具体专业，便终身在这个领域内选择研究题目，而如果由于研究意义所在而跨越专业界限，便可能被视为不可思议？二十年后，"逆推顺述"这一概念明确了"把在自己的田野点观察到的、依然活着的结构要素，推到它们有材料可证的历史起点"的做法，这样便能真正为解释历史而研究问题，其重大意义不言而喻。

也是受"历史人类学"学术理路的启发，我便多少能理解科大卫先生"告别华南"的深意，也明白要学习不同区域的历史人类学研究作品，在跨区域的研究中关照理解不同区域的发展轨迹。

基于上述几方面的思考，或多或少便生发出对历史的功能和意义这类问题的思考。给我深刻触动的是，对"礼仪标识"背后人与人群的聚焦与探讨，引发了我对历史本体论的思考。在长期的课堂理论学习中，历史本体论中对于民族、国家、文化、文明等问题的讨论固然重要，但直到在田野中明确了对一个个活生生的人与某一人群的关注后，我才更深刻地理解历史学这一人文学科的功能与意义。我姑且把它理解为探究人性与人性的复杂，达致对真、善、美的追求，如龚自珍先生所言"欲知大道，必先为史"。在这个意义上来看，最近十多年来围绕历史人类学的学术努力，也许真是"其作始也简，其将毕也必巨"吧！

（乔新华，山西大学历史文化学院教授、副院长，第四届工作助理）

◎ 办班点滴

贺　喜

我或许是参加最多届历史人类学高级研修班的学生之一，以不同身份参加，却从来都没有获得正式学员的资格，没有得到过一张结业证书。作为编外学员、工作人员、田野导师，这些非正式学员的经验或许让我了解和见证了更多背后的故事。蔚县、济源、晋城、韩城、东南亚、遂昌……每一个行走在大河上下、山村海岸的夏天，都是我们曾经经历艰苦、共同收获的闪亮的日子。

赵世瑜老师曾经回忆，办班（就是组织历史人类学高级研修班）是在2002年的海南之行中确定的。那一次的田野考察，老师们把我从硕士阶段开采的湘东南矿山中拔了出来，抛到了琼州大地的崇山峻岭与广阔海滩上。记得陈春声老师很有气魄地鼓励我，只是范围稍微大一点，还是南边，从湖到海。随后，陈老师又高瞻远瞩地补充，十年后，你还可以回到矿山。这在我个人的研究历史上是一个转折。那一次，对于我们集体而言的历史性的转折，大概就是确定了办班。此后十多年，几乎每个夏天，大家都因此而挥汗如雨、疲惫不堪，又欲罢不能、乐在其中。也是在这次海南之行中，赵老师被推举为"乡校"的"校长"，桃李满天下，同样也没有得到过委任状。

赵老师曾经在微博上自称"打枣竿儿"，名如其人。身长两米，遇事呵呵一笑，路见不平，也会义愤填膺。在办班之前，我基本是在会议和讲座中认识他的学问。办班之后，接触得比较多，也就对他的性格多了一点了解。他实在是个很爱操心的人。所以，每届看上去顺顺利利、收获满满的研修班，背后都是他事无巨细的安排以及呕心沥血的准备。我见过他为数不多的动气的时候，几乎都是为了办班。不过，在办班的阶段，作为工作人员，我们也都比较理直气壮，气势上基本不相伯仲。在2005年和2006年赵老师都曾积劳成疾，尤其是2006年在晋城，他晕倒在田野现场，郑振满老师在他的病床前几乎哽咽。陈春声老师、刘志伟老师与科大卫老师也都沉默不语，气氛沉重。我记得在一个讨论的夜晚，当身体稍微恢复的赵老师回到会场时，会场响起了经久不息的掌声。在那一次，包括此后，我听过老师们讨论是否继续，

师生们在抄碑时总是很认真

我也曾参与过这样的讨论。然而，我们的脚步还在继续。怪田野过分美丽，也怪这样的经历，太刻骨铭心。

我们常常把老师们称为年轻人，而称自己已步入中年。因为从以往的经验来看，以科老师为首，他们总是走在队伍最前面。在初出茅庐、毫无经验的年代，进入田野，是愉快但是压力巨大的训练。陈老师经常说的话是，进入乡村半小时要建立一个模式——当然，百分之百是错误的。所以为了这个百分之百错误的模式，我们总是绞尽脑汁。虽然和我们考察的时间相同，晚上讨论的时候，老师们却总有好故事。

于是，我开始去观察这些老师，猜测他们想问题的出发点以及他们之间的分别。记得有一次我和陈老师同时拍一套族谱，刚一拍完，他就说已经读完了。我说，我还没开始看呢。他用一贯又认真又调侃的语气说，要学会从取景框中读族谱。刘老师基本上像在打太极，无论我们准备得多么充分，好像总能被他找到错处。郑老师当然是"碑神"。对我影响最大的提醒则是来自蔡志祥老师的问题：为什么我们习惯于关注过去，而极少讨论现在的生活？科老师总是会出其不意地提出问题，让人不知如何回应。那时候，我很惊讶，为什么会这样想问题。十年之后，当我同一秒钟和他问出同样的问题时，我知道自己已"中毒"太深。研修班就像一个试验场，每个人都可以根据活泼泼的材料提出猜想。这些讨论或者并不能立刻变成文章，但是这些讨论所涉及的问题，在日后的研究中往往会变成一个个灵光闪现的瞬间。我们一开始往往是带着华南的经验而来，但是蔚县、济源、晋城、韩城……让我们看到了与大历史紧密关联的土地所经历的风起云涌与沧海桑田，我们时时都在进行南与北的对话；不止于南与北，我们希望进一步去思考，宋和金制度下形塑的社会结构如何比较。东南亚的田野则在跨国界与跨地域的视野下关注华人社区。我们时时在反思当地人如何了解社区。而 2018 年遂昌的田野，则把我们带到了东南的山区，我们的目光从陆地投向水上，也从平地转向山林。双腿在走，我们同时在进行

在田野中也总会很开心

思想上的田野，学术上的问题也在一直衍生。学者研究一个地点往往需要十年八载，或者更长时间。研修班的设计从一开始就是由一位有研究基础的学者带领大家深度地细看这个地点，这让我们极大地开阔了研究的视野。这些田野点中，晋城是我们到访最多的地点之一，我们的班有两次在晋城举办。一方面是因为资料实在丰富，另一方面是赵老师和杜正贞师姐都有专门研究。后来我的学生田芳为圣姑庙所吸引，撰写了她的硕士学位论文。可以说三代结缘。我非常感谢这些年带我们走入自己的田野的朋友们。

十多年间，我们的班也从摸着石头过河的探索阶段发展到事前踩点、准备手册、研习讲座、田野导师等配置齐全的训练模式。比如，2013年我第二次去晋城，感受与2006年很不相同。那一届的研习讲座阵容强大，邓小南、荣新江、李孝聪、沈艾娣、王奇山等教授都来到晋城为大家授业解惑，邢义田、李孝悌等老师也参加了我们的田野之行。我是作为田野导师参加的。田野导师每天都会带领小组同学考察田野点，晚上组织讨论，各个小组还要进行竞赛。我当时和李仁渊兄同一组，我们基本都属于无为而治的风格，还好小组同学还是充分地得到了自由成长。

我有时候也会有疑惑，会不会后来我们为学员们做得太多。第一届的蔚县班，大家总是津津乐道，好像都是因为没有经验。这反而产生了很多话题，这或者才是最宝贵的经验。

这些年，我为大家拍过许多照片，因此合影里常常没有我。2003年在蔚县的土墙之上，邓庆平、温春来、黄志繁、卜永坚、张俊峰、何文平、田宓，还有清瘦的刘老师迎风而立；2010年在韩城城南村，在龙门，我们面对着黄河，倾听历史源头的回响；2018年在午后遂昌的村庙，连瑞枝、杜正贞、张小也、傅俊和我累极了，镜头下，神情却都是同样的平静。滋养学术的是十年、二十年，甚至更长时间的信任、友情和默契。我们有许许多多这样的时刻。一刻，就是永恒。

这些年，我们也在寻找新的挑战，比如从乡村走进城市，

在遂昌的村庙

进入我们不熟悉的近代空间。脚步仍在继续，我们又该问什么问题？

（贺喜，香港中文大学历史系副教授，多届研究助理和田野导师）

广东百侯

◎ 走进百侯

肖文评

在粤东韩江三大支流之一的梅潭河边，有一个名叫百侯的村落，位于梅州市大埔县百侯镇。这个村落坐落在一个山间盆地里，依地理位置分为侯东、侯南、侯北、侯西四片，现有居民一万余人，有杨、肖、丘、池四大姓和陈、林、李、钟等十多个小姓。村中房屋密集，有明清古建筑近二百座，近代洋屋十余座，其中祠堂近百座，还有庙宇数十座。

在这个村落里，至今流传着众多各种各样的传说。有宋朝蔡仙人开圳的故事，也有杨、林太公与"狗头王"斗法的传说；有明朝参与"飞龙国"（明朝人张琏在广东大埔、饶平和福建平和交界地区建立的政权）的事实，也有清朝"一腹三翰林"的传奇。同时还留下众多各种各样的文献。我从2003年开始在这里做调查，发现有宋朝的摩崖石刻，还有明清以来的文集、族谱、家礼本、契约、侨批等，据统计有数百种近千万字。村中民俗活动众多，社会关系复杂。

村落原名"白堠"，据说是因村口山顶上用白色瓷土堆成的瞭望台而得名；后改名"百侯"，村民说是期望村中能出"一百个诸侯"。这注定是一个有故事的地方，也是开展田野调查、现场解读历史文献、探讨乡村社会形成和发展的好地方。2007年8月，这个村落成为第五届历史人类学高级研修班暨2007年全国历史人类学研究生暑期学校活动的主要田野调查实习地点。

由中山大学历史人类学研究中心、香港大学香港人文社会研究所、北京师范大学乡土中国研究中心等联合举办的历史人类学高级研修班，已经成功举办了四届。2007年，受教育部研究生司的委托，扩大招生规模，将第五届历史人类学高级研修班与2007年全国历史人类学研究生暑期学校活动合在一起，并首次邀请嘉应学院客家研究院参与。暑期学校活动旨在通过系列讲座、圆桌讨论、田野工作实习和实地调查等系统训练的环节，培养新一代历史人类学研究人才，推动该学科在中国的快速发展。活动从2007年8月1日开始，到13日结束，共有来自海内外的八十多位硕博士研究生、二十余位研修导师参与。

暑期学校活动分为两个阶段。第一阶段8月1日至6日，全体学员在中山大学听专题讲座，学习历史人类学理论知识。共邀请了十四位来自全世界该领域最顶尖的学者做学术演讲。其中，耶鲁大学人类学系萧凤霞教授的讲题为"历史人类学的理论与方法"，台湾交通大学客家文化学院庄英章教授的讲题为"历史人类学与台湾研究"，清华大学社会学系张小军教授的讲题为"田野工作与民族志书写"，中山大学历史人类学研究中心程美宝教授的讲题为"口述史研究的整理方法"，厦门大学历史系郑振满教授的讲题为"民间契约文书的收集与解读"，中山大学人类学系周大鸣教授的讲题为"历史人类学视野下的考古与民族学"，北京师范大学历史学院赵世瑜教授和中山大学历史人类学研究中心陈春声教授合作演讲的题目为"传说与区域社会史研究"，曼彻斯特大学中国研究中心刘宏教授的讲题为"人类学与海外华人研究历史、区域与认同"，台湾"中央研究院"民族研究所黄应贵教授的讲题为"新自由主义经济下的地方社会"，香港中文大学历史系科大卫教授和蔡志祥教授合作演讲的题目为"宗教文化与乡土社会"，中山大学滨下武志教授的讲题为"上位地域概念与口岸网络的历史变迁"，最后一讲为中山大学人类学系黄淑娉教授的"田野调查与历史研究"。十二个主题演讲内容丰富，资料翔实，学员们近距离聆听大师们的演讲，获益良多，对历史人类学这一新兴学科有了全新的认识，对学术前沿也有了更多的了解。

活动的第二阶段为田野调查实习，时间为8月7日到13日，地点主要在粤东北梅州市梅潭河流域的大埔县百侯镇及周边地区。

8月7日，全体学员乘坐大巴从广州出发，中午抵达梅州，下午在嘉应学院客家研究院门口广场上举行"开学"仪式。客家研究院房学嘉院长对学员们的远道而来表示热烈欢迎。暑期学校校长、中山大学人文学院陈春声院长说："教育部研究生司委托我们中山大学办这个暑期学校的时候，我们研究生院的院长就被正式任命为'校长'，所以我现在只是代理校长。非常高兴能够来到梅州，来到与我们很多老师、同学有着深厚友谊和很长时间学术交往的嘉应学院客家研究院。未来的五天，我们将主要在梅州大埔县做田野调查实习。我们之前在广州有非常集中的六天的理论培训，大家对于历史人类学一些基本的理论已经有了一定的了解。我们现在来梅州做田野，这对于加深认识无疑会是有很好的帮助。最后对嘉应学院客家研究院的辛勤准备工作表示感谢！"

嘉应学院侯宪华副校长说："今天来自北京大学、清华大学、香港大学、中山大学等海内外五十多所大学的一百多位研究生、学者齐集梅州，参加历史人类学全国研究生暑期学校，这个活动是我们嘉应学院有幸与海内外名校共同举办的一次高规格的学术活动。"

厦门大学郑振满教授说："很高兴再次来到嘉应学院。

这几年我差不多每年都会来嘉应学院参加房学嘉院长主办的客家学会议、夏令营活动。每次来这里都能感受到客家人特有的热情，都能有很多收获。对于这次活动，他们已经做了非常充分的准备，大家从手上拿到的资料已经有所感受。我们接下来的几天，将主要利用这本资料来完成这次田野调查实习。我相信这次活动一定能有非常大的收获。"

台湾暨南国际大学王鸿泰教授说："客家研究在台湾地区现在非常热门，我们暨南国际大学已经连续四年与客家研究院开展合作，所以这个地方我们也算是非常熟悉了。每次过来，房学嘉院长都会向我们展示客家文化的丰富多彩以及房学嘉院长本人的丰硕研究成果。"

"开学"仪式结束后，全体学员前往梅县丙村考察大型客家围龙屋——仁厚温公祠，首次来到梅州的学员们对这样的奇特建筑纷纷发出感叹，赞不绝口。随后前往大埔百侯。晚上房学嘉院长做了题为"从围龙屋看客家文化积淀"的专题讲座，学员们对以围龙屋为代表的粤东客家文化有了初步认识。

讲座结束后，我对考察活动的安排进行了解释和说明。百侯是我的博士学位论文的主要田野点，虽然曾多次进出百侯，但为做好这次田野考察活动，我带着客家研究院的年轻朋友再次考察了各个有代表性意义的场所，并与陈春声等老师讨论要选择的文献及考察路线安排等。在我写作博士学位论文期间，陈春声、刘志伟等老师曾几次来到百侯，对百侯地方社会有很深的认识和理解。这也是选择百侯作为这次研修班田野调查实习点的主要原因。

百侯是粤东北客家社会变迁的一个缩影。有关当地早期的历史，是各大姓宋末元初开基的传说以及与"狗头王"斗法、开圳灌田等故事。明代中后期，百侯动乱不断，"山贼"横行，曾是割据政权"飞龙国"的主要据点。明末以后，当地人口飞速发展，宗族发达，科举仕宦不断，成为远近闻名的"文化之乡"，近代以来则成为著名的"华侨之乡"。百侯历史古迹、宗祠、大型古民宅、庙宇众多，更为重要的是还保留了大量明清以来的族谱、文集、碑刻、家礼本等各种民间文献。

在编辑田野调查文献时，根据陈春声老师的指点和要求，我们在百侯及周边的大东镇、湖寮镇、茶阳镇以及和平县九峰镇、饶平县三饶镇等，选择了近七十个考察点，每个考察点附有三至五篇相关文献，并附有村落概况、地图、主要宗族发展概况、科举名录等，总计文献等近十五万字。

8月8日至10日，全体成员在百侯村进行田野调查实习。因学员人数太多，根据活动安排，全体学员被划分为五个小组，每个小组选出两位组长，由研修导师担任。同时将百侯村落划分为侯北、侯南、侯南西片三大区域，侯北区域的考

陈春声老师带学员做访谈

察点主要包括蔡仙圳、葛罗庙、妈祖庙、鸳鸯祠、六世祖祠、开基祖祠、太史第、世德堂、林氏宗祠、明贶庙等；侯南区域的考察点主要有杨氏大宗祠、中翰第、大书斋、观音亭、下洋宫、孝庆堂、池屋、企南楼、海源楼等；侯南西片的考察点主要包括百侯街、三山国王庙、丘屋、文明毓秀、通议大夫第、兰台书斋、安敦堂、龙尾宫、马山寺等。每天的考察，各小组单独行动，并将三大考察区域错开，这样就避免了人员过多容易形成扎堆等，达到了考察顺利有效的目的。

上午各小组根据选择区域实地考察，对读碑刻等，探访知情人，收集相关口述史；下午则分组阅读相关历史文献，结合实地调研讨论问题。晚上再集体圆桌讨论，并由每个小组选出两位学员做简短的考察报告，讲述自己的心得收获，最后由研修导师对当天的考察做出总结与建议。陈春声、郑振满、王鸿泰、刘正刚等老师，对每天的田野调查和圆桌讨论进行了点评。10日晚，根据活动安排，我做了"白埂乡的故事：地域史脉络下的乡村社会建构"的讲座，讲述了我五年来在百侯调查和研究的一些心得，同时回应了学员们的一些疑问。

8月11日至12日主要调研百侯外围，这些区域与百侯社会的形成与发展有重要关系，以加深对百侯乡村社会的认识和理解。11日首先考察了百侯上游的大埔县大东镇，调研了当地的重要古迹花萼楼。花萼楼为大型环型土楼建筑，与邻近闽西的土楼建筑样式一致，规模宏大，设计精巧，布局合理。随后前往饶平县老县城三饶镇，考察了明代城墙遗址，学员们发现刻有文字的明代城砖随处可见，十分震惊。接下来是道韵楼。道韵楼位于饶平县三饶镇南联村，建于明末清初，是迄今发现的我国最大的客家土楼，有着四百多年的历史，整座楼呈八卦形，十分奇特。下午前往与大埔县和饶平县毗邻的福建省平和县，在老县城九峰镇考察了河头溪、恩置宫、曾氏家庙、文庙、城隍庙等古迹。

12日考察了位于大埔县城湖寮镇的科里黄庽故居、蓝

学员们在参观客家土楼花萼楼

学员们在祠堂中听郑振满老师讲解

走进百侯

氏贞节牌坊、丘氏围龙屋、吴氏宗祠等,再到大埔老县城茶阳镇,考察了饶氏祠堂、老县衙、学宫、父子进士牌坊、老街等古迹。

12日晚上回到梅州,在嘉应学院亮湖楼宾馆举行了最后一场圆桌讨论及活动闭幕仪式。在圆桌讨论上,学员们纷纷举手要求发言,畅谈这段时间的考察经历和感受,大家普遍表示学到了很多知识,结交了很多朋友,收获巨大,对举办方的辛勤劳动表示诚挚的感谢。在闭幕仪式上,房学嘉院长和陈春声校长做了总结性的发言,整个活动在热烈的掌声中结束。

整个田野调查实习活动安排得十分紧凑,井井有条,充满了热烈的学术气氛。综观这次活动,有如下几个特点。

一是规模大,盛况空前。从中山大学公布活动举办消息开始,全国先后有三百多位硕博士研究生报名要求参加,报名人数远远超过了预期,显示了全国历史人类学界对这一活动的高度认可。最后遴选出了八十四位学生代表参加,再加上暑期学校的指导老师,活动参加者超过了百人,可谓盛况空前。学员来自海内外五十余所大学和研究机构,主要包括:中山大学、嘉应学院、香港大学、香港中文大学、北京师范大学、厦门大学、北京大学、清华大学、广西民族大学、广西师范大学、湖北大学、华东师范大学、兰州大学、山东大学、上海大学、福建师范大学、中国政法大学、中央民族大学、西南大学、复旦大学、南京大学、山西大学、陕西师范大学、武汉大学、云南大学、南开大学、暨南大学、台湾暨南国际大学、台湾"中央大学"、台湾"中央研究院"、台湾交通大学、台湾清华大学、台湾联合大学,以及新加坡国立大学、韩国江陵大学等。

二是收获多,成果丰富。此次活动非常强调对学员的学术训练,从前期广州的理论培训到梅州的田野实践,学员们在非常短的时间内获得了较为系统的训练,对历史人类学的学科理论和方法都有了全新的认识,对以后各自的研究非常有帮助。学员们学科背景多种多样,主要有历史学、人类学、社会学、地理学、文学、法学、建筑学等。来自不同学校、不同地域、不同学科的学员们通过将近半个月时间的共同学习与交流,获得了相当大的收获。通过走进百侯这个典型的客家乡村进行深入调研,学员们对客家丰富的文化内涵与古朴的民俗风情有了深刻的认识和理解。通过研修导师的实地指导与精彩讲授,学员们在现场体验历史人类学的理论与方法,这比在课堂上的学习认识要深刻得多。所以,这是一次非常有成效的学术活动,达到了举办活动的预期目的。

三是组织严密,进展顺利。在中山大学历史人类学研究中心与嘉应学院客家研究院的通力合作下,活动进展十分顺

我与黄向春、卜永坚两位老师在本期"广告"前

利。考察、研讨、住宿、交通等每个环节都安排得细致周到，井井有条，克服了参加人员过多而接待人手不足、前期考察时天气炎热与后期台风暴雨等不利条件，学员们普遍感觉生活舒适、心情愉快，学习考察得以顺利进行。活动以学习考察为中心，每天上午的考察行程紧密，每天下午的文献阅读认真务实，每天晚上的圆桌讨论气氛热烈，整个活动安排十分紧凑严密，确保了考察质量。

这次学术活动的举办，对所有学员来说是一次难得的学习经历，对举办方来说是一次坚定信心、发展新学科的良好机会。总之，这是一次举办非常成功的学术活动，是一次收获丰盛的学术活动，必将产生深远的影响。[1]

（肖文评，嘉应学院客家研究院教授，第五届学员）

---

[1] 本文参考了客家研究院冷剑波的相关报道。

◎ "百侯乡校"结业十三载

麦思杰

2007 年 7 月，我参加了第五届历史人类学高级研修班。因田野调查点主要在大埔县百侯镇，故又称为"百侯乡校"。这届研修班在当时号称师资阵容最强、学员规模最大。和其他学员的身份稍有不同的是，我参加研修班时已经取得了博士学位，属于"回炉"再培训的学员。因此，对于我而言，这次研修班更像是一个博士阶段的总结课程。

"百侯乡校"结业至今已经过去整整十三载。十三年后的今天，自己虽无学术建树，但回想起这段美妙的经历，仍不禁感慨良多。"百侯乡校"，一方面让自己对读博及工作期间很多懵懵懂懂的问题有了新的认识与理解；另一方面在"乡校"期间的收获与疑惑，又影响着自己后来学术的思考。

西方社会科学理论与历史人类学研究

2005 年博士毕业后，我任教于广东商学院（即现今的广东财经大学）社会学系。我到广商求职时，本是应聘"中国社会史"课程的教学工作。但因师资不足，我阴差阳错地被安排去讲授"西方社会思想史""西方社会学理论"等社会学专业的基础课程。作为一个非社会学专业的教师，要讲授好一门社会学专业的基础课程，无疑是非常吃力的。为了准备好这门课程，自己花了许多时间自学西方社会科学理论。但在最初的日子里，自己感觉只是为了应付教学而去接触一门全新的学科，博士阶段接受的历史人类学训练和毕业后的工作似乎是两个完全不相干的领域。而参加历史人类学高级研修班的一个重大收获，就是帮助自己捅破了博士阶段学习与教学工作之间的那一层窗户纸，重新理解了西方社会科学理论对历史人类学研究的支撑意义。

培训班的第一课是萧凤霞老师的讲座。因为工作的困惑，当时自己对萧老师的讲座特别有感触。萧老师那次讲座的内容主要围绕着她之前的文章《廿载华南研究之旅》来展开，讲述了她自己在华南研究中如何不断与马克思、韦伯、涂尔干等经典社会科学家的理论作对话与反思，提醒我们除了要掌握中国传统的典章制度研究之外，亦要懂得将历史人类学研究放到更宏大的西方社会科学理论的背景与脉络中去理解。

陈春声老师在访谈中

培训班结束后，自己再重新细读三大古典社会科学家的理论，渐渐明白了历史人类学研究与西方社会科学尤其是三大古典社会科学家的理论之间的关系。比如，我们在乡村社会做研究时，常常提及的一句话，就是"进村找庙，进庙找碑"。这是让我们最快了解村落社会结构形态的方法。在之前的学习研究里，自己虽然知道这样去做，但却没真正理解其含义。"进村找庙，进庙找碑"，可以让我们通过文献的搜集与解读，并结合口述的访谈，了解不同时期村落社区结构的演变、仪式的实践等情况。这一调查研究方法，事实上有很强烈的结构—功能主义理论的色彩。20世纪三四十年代以后，拉德克利夫–布朗的结构—功能主义理论流行一时，成了社会人类学研究的经典理论。布朗到燕京大学演讲时，对中国乡村社会的调查研究还提出了诸多极具启发性的建议，可以说，其理论与方法深刻地影响了燕京学派的学术研究。而布朗的理论，又建立在涂尔干"社会团结"理论的基础上。涂尔干从早期对社会分工及自杀的研究，

154

到晚年对原始社会宗教的讨论，一直离不开社会结构、社会整合的议题。可以说，涂尔干对"社会团结"的独特理解，使其成为 20 世纪西方结构主义思潮的先驱人物。涂尔干的理论亦因此成为 20 世纪西方社会科学的基础理论之一。正如萧老师所说，我们的研究，其实在自觉或不自觉中仍然离不开古典社会科学家的关怀与视野。又如，我们在研读科老师的《皇帝和祖宗》《近代中国商业的发展》时，如果不了解韦伯关于城市、行动合法化以及资本主义机制等理论，就很难明白科老师如何与西方的社会科学理论展开对话。

历史人类学研究，一方面植根于中国历史学研究的脉络，另一方面则深受西方的社会科学理论的影响。我们这些一直受历史学训练的学生，对于西方社会科学理论脉络的理解无疑是粗糙的。这一个不足，其实在很大程度上制约着我们对历史人类学研究理论与方法的理解。在强调学术本土化的今天，如果不读懂作为西方社会科学理论，我们就很难理解历史人类学研究在学术史脉络中的地位并进而真正从中国的经验研究中提炼出属于自己的理论。"百侯乡校"的这一点收获，对我后来十多年的研究历程影响尤为深刻。

另外，有一件趣事值得一提，"乡校"结业若干年后，自己在课堂教学中遇到了萧老师在田野里访谈对象的小孩。在 2015 年的某次课程里，我让社会学专业的学生阅读萧老师的《廿载华南研究之旅》。在第二次上课前，一位姓高的学生兴冲冲地拿着一张老照片跑来找我。照片是他爸爸和萧老师聊天的场景，拍摄者是刘志伟老师。学生兴奋地说："老师，上周我们的阅读材料里，萧老师提到的那个年轻的镇长，就是我爸爸！"在那一刻，我感觉到学术的缘分是如此奇妙。老师们多年前在田野里访谈对象的小孩，居然成了我的学生；学生则在自己的专业学习中遇到了自己的父亲，理解了父亲在年轻时的经历与情感。可能，这是做历史人类学研究的老师最特别的收获！

带有历史人类学研究色彩的上层人物研究

国内的历史人类学研究发轫于 20 世纪八九十年代。当时，以科大卫为代表的几位老师以华南为研究对象，自下而上、历时性地讨论明清时期基层乡村社会构建的过程。虽然，这一史学研究思路深受西方社会科学与新史学的影响，追求整体史观，但其中的许多问题意识仍植根于中国的学术传统之中。老师们希望先以华南为试验田展开研究，然后慢慢再将这一研究思路运用到中国的其他区域并加以比较，重新审视中国社会文化多元一体格局形成的历史过程，由此对中国历史形成全新的认识。因此，历史人类学的研究，一方面关注不同时期的国家制度、典章礼仪在不同区域的推行对当地社会结构、生活方式产生了怎样的影响；另一方面则关注基层民众如何利用各种礼仪与制度构建国家、不断重塑日常生活的方式。这些都是老师们在历史人类学领域研究的过程中所形成的一些基本思路。

好的学术研究，必然带着时代的烙印。每一代的学者所接受的学术训练不尽相同，而个人的时代体验亦不尽相同。个人以为，我们这一代学生在研习老师们的成果时，很有必要对老师们的知识体系做一些"解构"，在此基础上才能做出属于我们这一代人自己的研究。

老师们基本上是"50后"，学术和人生经历和我们这些"70后""80后"完全不同。老师们经历了许多重大的政治与社会运动，有知青的经历，对农村有特殊的感情与深入的理解。在学术研究的起步阶段，又基本上以传统的学术问题为关注点，对大历史有宏观而整体的把握。因此，我们这一辈学生在乡村从事历史人类学研究时所面临最大的挑战，就是个人对乡村的体验和社会阅历的不足。"70后""80后"基本没有经历过重大的社会运动，而来自城市的学生更是对乡村生活没有长期而深层的体验。这些先天的不足，使我们与研究对象之间很容易产生隔阂。而这些弱点，又是我们无法通过短期的田野工作来弥补的。此外，我们这一辈从事历史人类学研究的学生，在一开始时就不自觉地以某一地为对象展开研究。如果个人缺乏学术自觉，自己的"区域史

我与杜树海（左）

研究"很容易成了没有"王朝与国家"的"地方史研究"。因此，如果没有理解老师们的研究中所包含的个人与时代体验，只是在乡村里简单地重复历史人类学研究，我们就很难真正理解他们所开拓的历史人类学的研究并进而做出属于自己时代的研究。

"70后""80后"的学者如何做具有时代感的研究，很多师友用不同的研究做了很多具启发性的回答。在这里，我只能浅薄地谈一下自己的想法。个人以为，将上层人物的研究带入历史人类学的视野中，可能是一个新的研究思路。众所周知，王朝国家的制度与礼仪在不同区域的实践，会塑造出不同的社会组织方式与文化传统。政治环境的不同、地方文化底色的差异、乡绅的具体活动等因素，都是导致不同地区社会形态存在差异的原因。这些都是从事历史人类学研究的学者非常熟知的道理。但我们在试图理解地方差异化、多样化的时候，对地方社会中的上层人物的研究仍较为薄弱。如地方的高级官员，其既是国家制度与礼仪重要的施行者，也是老百姓与中央政府发生关系的桥梁，是影响地方社会变迁的重要变量。尽管在以往的研究中，我们都会注意到官员与地方社会的关系，但往往都是因为研究地方社会变迁的需要而去关注官员的活动。在这一思路下，研究者只会关注某个官员在特定的时期推行了某一项政策制度，而地方的民众又如何利用这套制度构建生活。但反过来说，施政的官员为何要推行相关的政策制度，仍有很大的追问空间。官员的个人能力与施政理念、人际交往网络、仕宦经历等因素，都是影响地方社会变迁的关键。地方发生了重大"叛乱"时，选派哪位官员担当重任，实际上是朝廷政治斗争与博弈的结果。而选派不同的官员，自然又对地方社会产生完全不一样的影响。在区域史的研究中，这是一个不能回避的问题。

因此，从人物研究中带出区域问题，而非从区域研究中带出人物，可能是区域研究的一个新思路。对上层人物（尤其是高级官员）的生命史研究，可以跳出以"地"为中心的社会史研究，从另外一个角度观察区域社会的问题。首先，我们可以借助官员的视野观察到其治理社会问题过程中的各种复杂性与不确定性；其次，上层官员在各地任职经历的先后，又可以让我们在更深层上了解国家不同区域的关联，进而理解官员施政理念的形成过程；最后，上层官员的活动，更可整体地呈现出朝廷与乡村社会之间的各种复杂、微妙却又实在的互动过程。

事实上，人物史研究一直以来都是历史学研究的重要领域。但近二三十年来，随着新史学的兴起，在明清史研究领域中，关于上层人物的研究显得较为冷清。但如果将上层人物研究带入历史人类学的研究视野之中，不仅是对人物史研究的创新，更能丰富整体史、区域史研究的层次。

对于自己个人而言，在区域社会史领域学习和研究多年以后，带着历史人类学的关怀重新开始对上层人物史的研究，既是对大历史认识不深的补课，也是对区域社会的理解的深化。

（麦思杰，暨南大学中国文化史籍研究所教授，第五届学员）

福建平和

◎ "黄埔六期"的记忆

赵思渊

　　2008年暑假，我参加了第六届历史人类学高级研修班。当时我们称之为"黄埔六期"。这是我第一次参加这类研修班，不夸张地说，那半个月中我感受到的是翻天覆地的改变。历史学可以是一个怎样精彩的世界，我在那段时间中获得了全新的理解，打开了一个广阔的世界。

　　"黄埔六期"完整参加讲座课程的有将近七十人，算上后来陆续加入田野行程的大概有一百人，是历届研修班中最多的。这里既有已经工作或攻读博士研究生数年的"老法师"，也有硕士阶段的"小白"。就我自己来说，当时刚刚硕士一年级，而且本科学的是生物学专业，一年的时间中虽然在不断恶补，但是明清社会经济史的"水"有多深，其实当时还毫无感性的认识。

我就是在这样懵懂的情况下误打误撞进了"黄埔六期"。当时网络并不发达，我已经忘记了是由什么渠道偶然看到研修班的招生启事。说实话，当时，我不仅对历史人类学毫无认识，对中山大学历史学系明清史的深厚积淀亦一无所知（唯有导师王家范先生在课堂上讲过梁方仲先生的研究。但因为第一学期的专业课是历史社会学理论，所以提到梁先生的机会也很少）。但是那时刚刚闯入历史学的领域，对于一切都充满好奇，所以决心试试。于是向王家范老师汇报，按照申请表的格式请老师帮忙填写导师推荐意见。老师当即爽快答应了。6月的时候居然收到了录取通知，这对我来说是意外之喜。因为我当时的简历只能算是白纸一张。我立刻汇报给老师，老师回信道："思渊：很高兴你能去中山参加学术活动，多学点东西，也注意结交朋友。"（回信写于6月23日）

　　就这样，一个历史学"小白"踏上了南下的旅程。从上海南站坐卧铺到广州东站，一天半的路程。那是第一次到广州，当时也没有手机导航，按照提前查好的地铁路线，坐到鹭江站。（我是严重的路痴，后来每次去中大的时候，都会纠结到底是在鹭江站还是中大站下车。）从下火车，到上地铁，再到鹭江站下车，我注意到不远处有两个男生路线几乎和我一致，所以不禁猜测是否和我一样是去中大参加研修班的。但这种概率太低，我觉得贸然上去问太冒失了。所以三个人就这样保持着距离走了一路，直到一起来到了同一个宾馆报到，这才最终确认，果然是研修班的同伴。这两位就是王振忠老师的高足张小坡和李甜。他们和我坐的是同一班列车，只是隔了两个车厢。

报到之后，我和小坡恰好分在一个房间。下午谢湜兄以学长之谊过来见小坡和李甜，并带他们小游珠江。我就厚颜混迹其中。我们先是拜望陈寅恪先生故居，然后去天字码头坐船过珠江到北京街。回来后又在中大小北门吃糖水。到广州第一天的经历实在太美好了，此后每次到广州，特别是到中大，都感觉特别亲切。附带一提，当时觉得中大食堂早餐的肠粉实在太好吃了，但中午和晚上的餐食口味都非常奇怪。

报到之后我们都领到了厚厚的一本阅读材料。这份阅读材料我至今仍保存着。晚上回到宾馆之后，我怀着好奇心开始翻阅这本资料，当时还完全不理解主办方发这些材料给我们的用意是什么，更不知道历史人类学到底意味着什么。

第二天开始正式授课，印象中有一个简短的开班仪式，陈春声老师讲了话。但那时我还不会意识到，接下来的田野研习中，陈春声老师将要给我们多少"当头棒喝"。另外，尽管赵世瑜老师在约稿函中特别要求我们不要说过多感谢老师的话，但我必须得说，一周的课程中，每一个讲座对我来说都是翻天覆地的。我至今都清楚记得程美宝老师讲口述史的时候，花了很大精力讲"荷马问题"。我当时完全被震撼到，唯一的感想就是"史料还是可以这样解读的！"。另外一个深刻的印象是科大卫老师的讲座之后，我提了一个问题，但科老师立刻对我的提问的前提做了反问，我不得不尴尬地承认："我的问题好像被您消解掉了。"

此外，研修班授课期间的每个晚上是学员报告，通常要进行到晚上九点多。我当时报告的题目是"清初娄县东岳庙杨侯"。那段时间对民间信仰很感兴趣，一方面是受到滨岛敦俊先生总管信仰研究的影响，另一方面是当时正在读郑振满与陈春声老师主编的《民间信仰与社会空间》，觉得那些研究很令人着迷。不过自己后来在这方面没能继续深入下去。

从早上九点开始的授课，直到晚上九点的学员报告结束，每一天都是高密度的脑力消耗。到了授课的最后两三天，大多数同伴已经非常疲劳。不论是午休还是晚上，大家都恨不得回到宾馆倒头就睡。我那个时候大概是对新吸收的这些知识特别感兴趣，每天晚上回到房间还会写当天课程的总结。当时我们师门弄了一个 BBS 叫作"思古勉今"，我就每天在论坛上汇报当天的课程内容和我的个人观感。王家范老师对研修班的内容与形式都很欣赏。2008 年底他在海盐组织江南史研讨会，会议总结的时候，还特别提出这一点，希望江南史研究也能组织类似的研修班，对研究生培养大有裨益。

授课结束之后，我们全体转移到福建平和开始田野行程。

这里是朱忠飞深耕多年的田野点，他已经有一系列精彩的研究发表，此处我就不再画蛇添足了。我只想讲一件小事，权助谈兴吧。第一天是考察三坪寺，那座寺在一座山上，风景好极了。但是通往三坪寺的是一条蜿蜒山路，大巴车一路曲折而上，还没开到一半我就已经严重晕车。当时恰好郑振满老师坐在我边上，他特别愿意聊天，我忍着随时都要吐的感觉勉强陪郑老师聊了一会儿就默然不语了。我想当时郑老师一定很奇怪，这个年轻人为何如此不善言辞。

田野调查的后半程是去南靖田螺坑。当时南靖土楼刚刚被列入世界文化遗产名录，土楼周围还能看到庆祝入选的横幅。也因此，当地还没有进行大规模的旅游开发，当地人仍然生活在土楼中。我们就随意进到"四菜一汤"，一层一层爬上去，和当地人聊天。那是将近一百号人，就这样涌进土楼。我想，在当地人看来，大概还是蛮奇怪的。2019年我陪家人旅游，又去了一次田螺坑。这时，"四菜一汤"已经被围成一个景区，狭小的山路上停满了车。走进土楼，二楼以上也被封闭了，如果要上去"参观"，得另外加钱。一楼全部变成了土菜馆和纪念品店。想起十年前尚"活着"的土楼，不禁有些恍惚。

田野调查的一周中，每晚都要进行讨论。通常是下午先进行分组讨论，晚上再由各组报告本组的讨论内容。晚上的报告是压力最大的，必须讲出干货。当时陈春声老师坐镇晚上的报告，如果讲的内容有失空泛，或者对史料的解释有明显的硬伤，他一定会"当头棒喝"，那种震撼的效果，至今印象深刻。

在这样的压力下，白天下田野是绝不敢怠慢的。我们拿着阅读材料，尽可能去核对每一份碑文的内容。有一回我和中山大学历史学系的博士生陈玥一起核对一块碑文的内容，差点就错过回宾馆的大巴。此外就是紧跟郑老师，听郑老师读碑（郑老师的福建普通话发音实际为 bāi），这简直是各组晚上报告时免遭陈春声老师"棒喝"的不二法门。也是郑老师教会我们，看庙一定要看红榜。

研修班的分组，我所在是第四组。这一组是张侃老师和何文平老师带队。初见两个人的印象都是很有江湖豪气。特别是何文平老师本来就研究盗匪，田野中我们经常和他开玩笑，应该如何在这些地方设置"滚木擂石"。这一组的同学一共十六位，我尽可能回忆每一位朋友，权做一份记忆吧。

陈松全当时在剑桥大学东亚研究所，记得他来自香港，高大且肌肉健壮。他现在应是在新加坡国立大学工作。

龙圣来自北京师范大学。相处中，印象最深的是他一直戴着一个银项圈，说话也风趣。他当时是赵世瑜老师的硕士生，之后又跟随赵老师读博，我们一直有来往。他后来去山东大学工作，我去济南开会，还曾去找他玩。

马继珍是广东社科院历史所的硕士生，一个来自山东的女生。研修班期间，记得她和暨南大学的王璐（现在广东社科院工作）常常在一起聊天。此后她应该没有再继续从事学术工作。

彭永庆是吉首大学的硕士生，一个湖南女生，给我印象很深的是吃饭时很会劝酒。

Tehyun Ma，英国布里斯托大学的博士生，来自宝岛台湾。她当时研究第二次世界大战后台湾的土地问题。现在在英国谢菲尔德大学工作。

王健现在是上海社科院历史所的研究员，当时他还同时在华东师范大学跟随钱杭老师读在职博士，尚未毕业。王健兄研究常熟的民间信仰，他的话很少，很稳重。因为同在一个学校，回上海之后我们的来往也多起来。

陈玥当时是中山大学历史学系的博士生，现在在武汉江汉关博物馆工作。研修班上，陈玥一直很活跃，我现在仍记得滨下老师的讲座结束后，她一直追着滨下老师提问的情景。

陈景熙当时还在中山大学历史学系读博，现在在汕头大学工作。当时对他印象极深的有二。一是他的题目，研究泰国华人社群中的"德教"，这是我闻所未闻的民间信仰。二是景熙兄的茶真好。不止一个晚上，景熙兄会请我们到他的房间饮茶，他走到哪里都随身带一套茶具。甚至在从广州去往平和的夜车卧铺车厢里，景熙兄也拿出他的茶具，请我们饮茶。那是我第一次领略潮汕式茶道的魅力。景熙兄是地道的潮汕人，对地方文化很有感情。他当时和我们讲经营潮学网，在当地搜集地方史料，我们都很感佩。2010年的时候，在山东大学的会议（刘平老师主持的慈善与民间组织讨论会）上，我又碰到了景熙兄，那次有更多时间听他详细讲东南亚华人社群中的民间信仰，甚至还有扶乩仪式，感觉打开了新世界的大门。

本组其他的学员还有：黄家亮（中国人民大学社会与人口学院，郑杭生老师的博士生）、李叔君（上海大学文学院博士生）、柳杨（山西大学中国社会史研究中心博士生，研究民国文学与民俗）、黎志刚（香港大学经济与金融学院教师）、赵省伟（厦门大学历史系硕士生）、詹双晖（中山大学中国非物质文化遗产研究中心博士生）、徐枫（厦门大学历史系硕士生）。

其他几组的同学，我印象很深的还有这几位：

张雅雯来自东吴大学，是个精致小巧的女生。我还记得大概是第二天上课时第一次见到雅雯，李甜站在旁边，特别强调说："她是徐泓先生的学生！"其实我那个时候刚刚入史学门，徐泓先生有关盐史和人口史的那些经典研究我还根本没有读过，还感觉不到这句话的分量。雅雯是与叶育伦一同来参加的。育伦当时也在东吴大学历史系，后来在厦门大学随郑振满老师攻读博士。不过育伦的茶给我留下了更多印象，他家本来就在阿里山下种茶，后来还开了微店。我好几次在他的微店买红茶，味道都不错。

徐晓峰来自清华大学社会学系，浙江人。我记得应该是张小军老师的硕士生，后来也没有继续深造，去了企业界。人极有趣，思维敏捷，晚上的圆桌报告时，经常和李甜及张海超（现在在云南大学人类学博物馆工作）坐在一起聊天。海超也极为风趣，经常和我们讲在大理做田野调查时住在老乡家中的趣事。

研修班结业时，陈春声老师有一个简短的讲话。其他的都忘记了，只记住一个内容。陈老师说，这个研修班不仅是学习做研究，更要紧的是由此寻找到日后学术上的朋友（大意如此）。的确，从那之后，很多人成了一直来往的朋友。有了这些朋友，学术绝不会是青灯枯坐，而是无数个在吵架与开脑洞中度过的夜晚。2017 年，澎湃新闻的记者饶佳荣曾经整理过一份刘志伟老师与我们一群学术后进的聚谈讨论。饶佳荣在编者按中写道："总之，那是一个回忆起来颇感温馨的夜晚。"[1] 对我来说，学术生涯成为一个个"颇感温馨的夜晚"，正是从"黄埔六期"开始的。

（赵思渊，上海交通大学人文学院历史系副教授，第六届学员）

---

[1] 《聚谈·刘志伟等：如何走向"人的历史"》，澎湃新闻，2017 年 1 月 6 日。

◎ 一颗学术种子的生长

读高中的时候，受到我们政治老师的影响，我立志也要做一名优秀的高中教师。但是，本科实习过程中，指导我的女老师的沙哑嗓音（一个人带九个班，过度劳累导致的），让我高中时代的梦想之花凋落了。实习结束之后，我一心想着通过读研来改变命运，去做一名高校教师。但是这条路的艰辛程度，我并未曾估量过。

所以，在 2006 年本科毕业之际，本来老父亲希望我毕业了就回县中教书，但是听到我说还要继续读三年研究生，他有点不高兴了。在舆论和生活压力下，曾经在我小的时候鼓励我"万般皆下品，唯有读书高"的父亲，越来越不理解为什么要读那么多书。后来我跟他说，我考上了公费研究生，不需要学费，还有不少奖学金，他才同意让我继续学业。

入学不久，硕导黄振南老师就找我谈话，希望我能从研一起就立志考博士，走上真正的学术道路。尽管黄老师的指导很鼓舞人心，但每次当我想到日渐苍老的双亲、家里摇摇欲坠的老房，内心是无比挣扎的。就在这种纠结、疑惑与对学术的热情的相互纠缠中，我开启了自己的研究生生涯。

在比较缺乏同学谈论学术问题的环境下，我经常一个人在广西师范大学育才校区图书馆的流通库翻阅我喜欢的书。由于自己读的是中国少数民族史专业，自然而然地就喜欢读一些历史人类学方面的著作。虽然对勒高夫（Jacques Le Goff）的说法似懂非懂，对萨林斯（Marshall Sahlins）也是读得云里雾里，不清楚赵世瑜老师所讲的大、小历史的本质区别到底在哪里，但是总觉得读这些前辈的著作很过瘾，有种别有洞天的感觉，不自觉地也会模仿老师们的标题、叙述、句法，尝试去写一些习作。

在学习的过程中，从杜树海师兄处得知中山大学、厦门大学每年都有一个叫作"历史人类学高级研修班"的学术活动。他的成长和学业成就令我刮目相看的同时也让我暗下决心，来年也要试着报一下这个班，争取有机会跟这些仰慕已久的老师学习。于是，抱着试一试的态度，我报名参加了2008年7月举办的第六届历史人类学高级研修班，并有幸成为"黄埔六期"的一员。

第六届历史人类学高级研修班由中山大学、厦门大学等共同承办，当时在曼彻斯特大学中国研究中心任教的刘宏教授也大力支持。2008年7月16—22日，我们"黄埔六期"的所有学员在中山大学永芳堂聆听科大卫、萧凤霞、滨下武志、刘宏、郑振满、刘志伟、程美宝、张侃、刘永华、黄国信、温春来、饶伟新等诸位老师讲授历史人类学相关的理论课程。密集的课程下来，我的头脑有点吃不消，深深感觉到自己的知识面太窄，对老师们所说的东西有点疑惑，又愈发想弄清楚他们所说的历史人类学田野是怎样的。

在似懂非懂之中，我跟随大部队于7月23日从广州东站踏上了前往福建的火车，当时的心情是既开心又紧张。紧张的最重要原因是，我自己感觉并没有做好田野调查化准备，但是看到身边那么多优秀的朋友都已经有了不少自己的心得，心中不免忐忑。

我们的主要田野调查地在福建平和县。这个地方是朱忠飞兄做田野调查的主要区域，因此我们上课用的地方志、族谱、碑刻等大量的文献材料手册都是他整理出来的。路上很多同学在大巴车上一听到要下车去村子就很激动。每当进到村子里，我们就在当地人或者老师的指引下走村串巷。我经常做的事情是躲在一边悄悄观察郑振满老师如何跟大家讲碑刻的内容。记得讲得差不多的时候，他就悠然自得地坐在庙门的台阶处抽起了烟，和当地老人攀谈。由于他戴着草帽，当时有一种莫名的亲切感，只是自己初来乍到，郑老师粉丝又很多，我只能在一边跟着大家傻笑。

我最害怕的老师之一是我后来的博导刘志伟老师。我记得他那一次是从其他地方来跟我们会合，大老远就看到他站在一个屋檐下躲雨。走近的时候，我都不敢跟他说话，感觉他的眼神有一种冷峻感。在这一行人中，比较特立独行的还有陈春声老师。他虽然口才很好，但是在跑田野的过程中喜欢扛着单反拍照，跟着大家走，不太说话，但眼神很具杀伤力，经常盯着一些关键的东西端详半天。如果在路上读到觉得重要的碑刻，就喜欢大声念出来，引来一帮粉丝一起读起来。如果当天时间不赶的话，他还会跟着大家在现场细细品读。

我是一个田野"小白"，什么都不懂。只感觉平和县的几个地方都很好玩，有不少的庙宇、祠堂和各种资料。记得很清楚的是当时街上有人去世了，我刚好路过。他们的仪式跟我们老家的完全不一样，还能看到披麻戴孝的样子，感觉很新奇。

我们每天的工作都是白天跑田野，找一些人给我们讲当地故事，去寻访各类公共空间；晚上在带队老师的带领下一起细读文献材料，讨论文献材料与田野之间的联系，寻找第二天田野调查需要跟进的线索。我们组的带队老师是温春来老师。他声音非常洪亮，而且讲话总是带着笑意。我们第一次比较激烈的讨论正是温老师发起的。他长期做的是贵州研究，对平和那一带其实也不熟悉，但是本着对学术的极高热情，他带着我们一边对照材料里的碑文进行逐字逐句的阅读，一边让我们回忆当天跑田野时观察到的情形。他不断鼓励我们去分析，为什么实地看到的小河那么浅，毫无运力可言，但是文献里却写有不少当时水运的情况。他进而引导我们做一些推测，比如河道水流量变小、河流改道等。最后，他会大胆提出他的"猜测"，我当时听了觉得很过瘾。事后才知道，这一切讨论背后的训练重点，是希望我们将历史场景尽量复杂化，寻找各种各样的解释可能，可以站在岸边人的角度来理解水神庙的位置，也可以从商人的角度来理解岸上的庙宇空间和生计环境。而且提醒我们不要只是从"好人"的角度来认识历史问题，还要从"坏人"的角度来追寻史事的解释路径。

讲本心话，我在晚上的讨论会上有时会心不在焉，不明白这样的小事情为什么需要花那么大的精力去设问，然后寻找各种各样的解答方式。唯一的感觉是，材料中冷冰冰，甚至令我似懂非懂的文字，在我们的讨论中逐渐展现了生机。我们再次来到码头边，去观察河边的小庙、河道的情况和聚落的格局时，头脑中似乎多了更多的想法。

在此之前，我在"历史·田野丛书"中读过陈春声老师写的总序《走向历史现场》，当时感触最深的就是他说不要用国家—地方这种简单的二元概念来套到历史分析中，而是要寻找地方历史的脉络。至于如何去寻找脉络，实质上自己心里没啥概念。而一起跑田野、一起读材料、一起讨论问题最重要的收获之一，就是看到老师们带着我们如何在具体的历史场景中理解一个村落的多种可能历史。每当晚上我们分组讨论的时候，郑振满、刘志伟等几位老师并没有闲着，而是会轮番去不同的小组一起阅读文献，一起讨论问题，成为常设的"巡视组"。

短暂的平和田野调查几天就结束了，此后我们沿着永定、南靖去参观各式各样的土楼，从"四菜一汤"开始到世界最大土楼，我继续在这种充满"异域"风格的聚落中跟着大家感受不同村庄和建筑的气息。当时的真切感触是，这些身处山区的人真是了不起，能在交通不便利的地方构筑这么庞大的建筑，真心佩服。当然，心中的谜团也不少，包括他们的居住方式、资源分配方式等，很多问题都在脑海中萦绕。

很可惜，问题尚未得到解决，几天的田野调查就在龙岩画上了句号。在总结会上，几位老师坐在主席台上，不知为何时"吵"了起来。当时我被吓坏了。因为我在学校里见到的教授彼此之间都是彬彬有礼的，不会当众互怼，讲话都是客客气气的。见到几位老师面红耳赤地讨论某个问题，我着实开了眼界。会后他们又在饭桌上若无其事地谈笑风生，更让我感佩不已。老师们的豁达、严谨与不拘小节，成为我后来报考中大博士的重要原因之一。

　　我个人感觉到，我们这一届当时有两位"意见领袖"，每当他们发言，我们同龄人都会正襟危坐，肃然起敬。一位是台湾的李仁渊兄，一位是上海的赵思渊兄。感觉他们不仅学养很好，而且思维很敏捷，很能就着老师们讲课或跑田野时提出的问题进行一个比较有探索性的回应或者进一步追问。我特别喜欢听赵思渊发言，他不仅声音很好听，而且双目有神，很能把我们很多思考不成熟的问题系统表述出来。

　　除此二位之外，研修班中我比较要好的一个兄弟是龙圣兄。我们两个人一个宿舍，他很能侃，而且说话很有气势，所以每次跟他一起，都觉得很有收获。孰料后来的 2011 年，我们一起去香港中文大学跟科大卫老师学习，又成了室友，此为后话。女生中叶锦花后来成了同班同学。印象中她总是笑眯眯地帮我拍照，而且讨论问题极为认真。如今她早已在自己的领域取得令人敬佩的成就，成为我们这一辈人的榜样。

　　或许对于一些跑了很多次田野的同学而言，这次研修班没有太多特别之处。但是对于从未亲身同带着历史人类学研究取向的老师们跑田野的我而言，一切都太过于新鲜。虽然高强度的田野调查和晚间讨论一度让我感到疲于应付，但正是在参加研修班的过程中，原来留存在头脑中的一些概念，成为更加具体的各种行动。

本来无意做太多教条式的总结，但是回忆这段十二年前的学习历程，可以说对我后来的学习生涯乃至人生选择产生了很大的影响。一方面，老师们的率真个性与学术热情伴随研修班始终，这深深地感染了我；另一方面，同届学员中大量优秀的同龄人为我打开了新的学术天地，让我了解到更多不同的思考方式和存在方式。前者促动我后来逐渐坚持走学术研究路线，后者则让我看到自己和优秀同龄人的巨大差距。这让我在归来之后不断进行思索，希图以此为起点，改变自己读研究生的心理状态。

事实证明，历史人类学高级研修班给我带来的是一种基于实践的具体行为的集合体。迄今为止，这样的人才培养方式，在全中国都是具有典范意义的。从2003年的首届历史人类学高级研修班开始，十几年来，老师们每年都会腾出半个月的时间来跟进研修班的具体进程。这种年复一年积累的结果之一，就是让更多有志于从事历史人类学研究的年轻学者感觉到有一个很大的学术共同体的存在。

师生一起在田野与文献中走进历史的各种场景，这是历史人类学高级研修班极为重要的一个人才培养贡献。就我本人而言，这段短暂的经历虽不应该过度夸大，但确实在我个人的求学历程中扮演了决定性的角色。作为方法的历史人类学研究声称走向历史现场，直面历史中的人，而我自己的真切感觉是，我们首先在田野中感受到来自五湖四海的朋友们的不同个性，从大家不同的观察、阅读、思考与表达方式中汲取养分。

在任何时代，我们都需要同行者，推动我们向前探索。对于十二年前还在为经济问题极力挣扎的我而言，研修班为我后来的读博带来了新的促发点。韦伯说学术是一场鲁莽的赌博，我更愿意相信，有些时候确实需要放手一搏。在此意义上，2008 年的那个 7 月，是我学术生涯中很重要的一个启蒙点，让我有兴趣、有勇气去追寻略显缥缈的"学术远方"。而热情洋溢、不知疲倦的老师们，则永远是海边的那座明亮灯塔。

（覃延佳，云南大学民族学与社会学学院副教授，第六届学员）

◎ 我与"黄埔六期"

胡克诚

　　20世纪90年代以来，中国社会史学界逐渐形成了所谓"历史人类学"的研究范式，因主要推动者以华南研究为主或来自华南地区，故常被称为"华南学派"[1]或"历史人类学派"。他们在著书立说和培养硕博研究生之外，自2003年起，连续开办十余届历史人类学高级研修班，使国内外数百名硕博研究生和青年学者得到系统训练，深刻影响了他们的治学理念，进而构建了一个颇具规模的"学术共同体"。十二年前的2008年，我有幸成为其中的一名学员。

---

[1] 有些学者，如赵世瑜教授本人并非华南学者，也不以华南地区为主要研究对象，但基本被认定为"华南学派"的代表人物之一。然而大部分"华南学派"的代表人物并不认可存在一个"华南学派"的说法。

揭"黄榜"

2008年5月29日晚九时许，正在东北师范大学读博的我，刚刚从图书馆返回宿舍，同寝室友阴元涛就神秘兮兮地递给我一张粉红色的"广告"——《第六届历史人类学高级研修班招生启事》。据元涛说，这则"广告"张贴在"史苑"二楼的公示栏上，他感觉内容比较适合我的专业方向，而距离报名截止日已不足三天，就干脆替我揭下"黄榜"。

从"广告"中可知，这个研修班由中山大学历史人类学研究中心、香港大学香港人文社会研究所、英国曼彻斯特大学中国研究中心、北京师范大学乡土中国研究中心、厦门大学民间历史文献研究中心和英国研究理事会中国办事处（RCUK-China）合作主办，面向海内外（以中国大陆为主）各高校和研究机构的硕博研究生，以及三十五岁以下的青年教师或博士后研究人员招生，目的是"培养新一代历史人类学研究人才，推动该学科在中国的发展"。本届研修班将于7月16至30日在中山大学和福建西北部地区举行，包括系列讲座、圆桌讨论、田野工作实习和实地调查等环节。

当时的我，对所谓"历史人类学"的概念还比较模糊，母校东北师范大学的史学传统更注重国家视角和公藏文献，虽然选题方向上也非常重视区域社会史，但广泛利用田野调查获取民间文献、在历史现场解读历史等方法并非主流。①
不过，"广告"中提到的正式学员可获得包括往返交通在内
的全部食宿费用资助，对于尚未到过闽广等地、每月仅有
五百三十元博士津贴的穷书生来说，还是充满诱惑的！于是
我赶忙打开电脑，连夜填表，发出申请。经过二十余日的期
许和等待，6月25日终于接到主办方通知——我非常幸运
地获得了"廪膳生"的资格。

"黄埔六期"

7月15日上午，连续乘坐了三十六小时硬卧绿皮车的我，
顶着炎炎烈日，拖着兴奋而疲惫的身体和沉重的行李箱，走
出了广州东站的出站口。按邀请函提示，辗转到达中山大学（南
校区）培训公寓报到。翻阅材料时发现，本届研修班最终招
生六十余人（含旁听生），而我竟是东三省高校界的唯一代表！

主办方安排一个房间两名学员。下午四时许，室友李仁
渊报到入住。寒暄后得知，他本、硕就读于台湾大学，刚刚
申请到赴哈佛大学历史与东亚系读博的机会，主要研究方向
是近代传媒与出版史。仁渊是我接触的第一位台湾地区的学

---

① 在此要特别感谢我的硕士导师赵毅教授和博士导师罗冬阳教授对我读书期
间"不务正业"的包容和支持！

者，谈吐优雅而风趣。在中大一周的学习、生活期间，我俩经常聊至深夜。印象深刻的是他讲述的申请美国名校读博的经历。据说一日深夜，仁渊被一通电话惊醒，对方操英语自称"Jonathan D. Spence"，有些事要跟他谈谈。睡意沉沉的仁渊以为是诈骗电话，当即挂断，继续蒙头大睡。不久那人再次打来，再三确认后得知，此公乃大名鼎鼎的耶鲁教授史景迁！不过受宠若惊之余，权衡利弊，他最终还是选择了哈佛。

7月16日一早，中大校长陈春声教授和曼彻斯特大学刘宏教授简单致辞后，研修班正式开班。第一阶段是为期一周的上课与研讨。主办方一共安排了十三次讲座，每天上、下午各一场，内容涉及历史人类学与区域社会史的理论方法、民族志书写、民间信仰、GPS在田野调查中的应用，以及契约、族谱、碑刻、宗教科仪书、司法文书、口述史料等各类民间文献的收集、解读和利用，等等。主讲人都是致力于跨学科理论探索的海内外著名历史学、人类学、社会学研究者。印象深刻的是，清华大学张小军教授对大多数学员没读过甚至没听说过名著《蒙塔尤》感慨不已；西洋面孔的科大卫老师操着标准的"广普"，用中药铺里的满墙药匣子解释古代"格物"的生动形象，让人终身难忘[①]；厦大"碑神"郑振

---

① 这场题为"民间信仰与鬼神崇拜"的讲座，实际由贺喜博士协助科大卫老师完成，不过多年后她已完全记不起参加过第六届研修班的经历，幸好我有课堂笔记和录音为证！

第六届历史人类学高级研修班师生合影

满老师抑扬顿挫地历数碑刻文献的特征、形式、历史源流、收藏状况和研究取向，下课间隙则赶忙掏出香烟，吞云吐雾；日本学者滨下武志教授，坚持用中文念完通篇讲稿时，我和部分学员早已伏案大睡……①。22日上午，我和李仁渊决定逃课去附近的书店淘宝，结果在十一点多返回校园时，迎面撞上陈春声老师，他微笑着询问是否下课了，我们只得尴尬地嗯啊作答，借口吃饭，逃之夭夭。

除了白天上课外，每日晚饭后，主办方还会安排一场全体师生共同参加的圆桌讨论，学员们依次介绍自己的研究领域和关注方向，以便相互交流、彼此熟悉。记得我跟时为华东师范大学硕士生的赵思渊，因研究领域都是明清江南赋役史，曾就江南重赋的原因争论不休，这也让我对这个帅气、犀利的东北老乡产生了极大关注和好感。

课余时间，学员们也会结伴在中大校园内游览观光。永芳堂前的"十八铜人"、灌木丛中的陈寅恪故居、正对学校大门的中山先生像，都是拍照打卡的著名景点。一墙之隔的珠江之上，每当傍晚，轮渡点点辉映，让人情不自禁地哼唱起《东方之珠》。我和武大博士生金诗灿买舟渡江的宏愿尚未实现，就要告别广州，奔赴下一个"战场"。

---

① 其他报告主讲人，还有程美宝、张侃、饶伟新、刘永华、温春来、张智杰、郭润涛等历史学者，以及萧凤霞、刘宏、艾华（Harriet Evans）、班国瑞（Gregor Benton）等人类学者或社会学者。

第三组师生合影（缺饶伟新老师）

　　7月23日至30日是研修班的第二阶段，师生共乘火车，连夜奔赴闽西北，对漳州市平和县、南靖县，龙岩市永定县（今永定区）、新罗区等处的十余个田野点开展为期一周的实践调查。每日上午考察，下午分组阅读文献资料，晚上在宾馆继续圆桌讨论。

　　为提高效率，主办方将所有学员分成四组，每组十余名学员，各安排两位导修与田野实习导师。我所在的第三组由厦大饶伟新老师和中大温春来老师带队。[①] 当时他们还都是三十五六岁的青年才俊。饶师较为严格，偶尔会对我们解读文献能力之差顿足扼腕；温师则津津乐道于读书期间熬夜打"拖拉机"（扑克）的经历，让人感同身受。连续一周在近

---

① 其他三组分别由刘永华和吴滔、黄向春和黄国信、张侃和何文平六位老师带队指导，也都是"厦+中"组合。

40℃的高温下考察，每日十几个小时的高强度连续作战，对初入门径的学员身心都是极大挑战。据说这正是"乡校"实践多年的成功办学经验！

本届研修班的主要田野实习点之一，是平和县九峰镇。平和县乃明正德十三年（1518）王阳明在平定南赣之乱后，奏准于闽、广、赣三省交界处新设的三县之一。[①] 多数人对平和的印象，停留在"平和蜜柚"的标签上。不过，只有真正踏上这片崇山峻岭间的"历史现场"，才能深切感受到王阳明"平山中贼"之不易。当然，"贼""民"之分主要来自官方语境，"眼光向下"后才会发现，作为东晋南渡以来，民族杂居、土客相争、省际交界的特殊区域，这里蕴含着丰富的历史文化资源，有保存数百年甚至上千年的大量祠堂、庙宇，以及取之不尽的碑刻、族谱、契约、文书等民间文献宝藏。这个田野点是厦大饶伟新老师指导的硕士生朱忠飞的学位论文选题方向，正是他坚持多年的"常驻式"田野，给本届研修班提供了丰富的学习材料和充分的前期准备。忠飞后来又追随郑振满老师读博，毕业后就职于赣南师大历史学院，据说已靠王阳明创建的三县"吃"了十几年！

此行印象最为深刻的，还有南靖、永定等处的土楼建筑群。虽然部分土楼被文旅开发得充满商业气氛，但近距离观

---

① 另外两县是江西崇义和广东和平。

察这些有数百年历史、犹如体育馆般巍峨雄伟的夯土建筑，还是会震撼于古人在艰苦环境中披荆斩棘的勇气和为了生存而不屈斗争的毅力。这些闽西（乃至华南）强大宗族势力的物态表征，是我这种长期生活在北方城市环境中的青年学人难以想象的！

相信对大多数学员来说，参加本届研修班的最大收获，并非现场聆听那些享誉国际的学者们的精彩报告，而是有机会跟随他们一起"上山下乡"，近距离观摩在田野中高效发掘和解读民间文献的技艺。除了主办方安排的授课教师和实习导师外，陈春声老师和刘志伟老师也全程参与其中，每晚的圆桌讨论中，陈、刘、郑三师的发言和评论都是全场瞩目的焦点。他们偶尔也会因某些观点争论不已，按照本届学员覃延佳的说法，"吵架"正是大佬们学术交流的常态！考察途中，还有数位知名学者临时加入，比如被刘志伟老师戏称为全国最大学会——中国社会史学会的"大头领"、南开常建华教授，正是他给本届研修班赐名"黄埔六期"；武大鲁西奇教授，在闽广交界的柏松关爬山途中跟我们聊了一路，当晚的圆桌会议上很快同其他大佬们吵作一团；当时还在中国政法大学的张小也教授，到龙岩学院才赶上队伍，作为几乎全程参加过历届"乡校"的"大师姐"，非常乐于为学员们传经送宝，分享经验。

学员之间十余天同住同学、一起"上山下乡"的革命友谊，更是一笔宝贵的财富。按照吴滔老师的回忆，"黄埔六期"可能是历届"乡校"中人数最多的一届，就最终从事专业学术工作的人数而言，也算"成才率"较高的一届！临别前，由我牵头建立了一个QQ群，群名就叫"黄埔六期"，大部分学员甚至导师都加入其中。十余年来，QQ群虽早已"僵尸化"，但我和其中很多人仍保持着密切联络甚至合作，并多次在学术会议上重逢，把酒言欢。

王店镇的田野

"乡校"研修班不同于一般研究生培训班或青年工作坊的另一个重要内容，是每位正式学员在完成课堂学习和田野实习后的半年内，可获得主办方一定资金（两千元）支持，自行选择田野调查点，分头开展调查工作。完成田野调查报告，并经主办方审查合格后，可获得结业证书。我和赵思渊、朱韬、王健、隋亮等研修班同学，因研究重点都在江南地区，便相约于当年10月底共赴朱韬的老家——浙江嘉兴王店镇开展为期一周的田野调查。①

为了节省经费、提高效率，我们没有选择到城里租住像样的宾馆，而是借宿在朱韬外公家一座空置多年的临河老宅

---

① 　隋亮和王健中途因故先后离开。

嘉兴王店镇竹垞故居前（左起：赵思渊、王健、胡克诚）

中。老宅一楼是厨房和客厅，二楼唯一一间卧室中仅有一张大床，我和王健兄脚对脚"同榻而眠"，思渊则席地而睡。头两天，半夜四出觅食的老鼠吵得我们难以入眠，不过随后几日，大概是考察太过劳累，竟也人与自然和谐共处了！

　　不过，我们很快发现这个明清时期号称嘉兴"四大名镇"之一的江南小镇，在"文化大革命""破四旧"和城市化等因素的洗礼下，早已"面目全非"。镇上仅存的一处省级文物保护单位，是已被改造成老年活动中心的清初大儒朱彝尊的"竹垞故居"。院内古树参天，池水涟涟，除了曝书亭外，仅有从附近市河（梅溪）边移来的一块《重修中环石桥记》碑刻，镶嵌在院墙之上，算是我们此行唯一收获的"民间文献"。照搬闽西的经验难以奏效，我们被迫调整思路，改以口述采访为主，通过镇上十几位古稀老人的记忆，探寻这个江南市镇家族繁衍和民间信仰的重要线索。最终，我们根据多位老人共同提到的"李家""放生河"传说，结合《梅里志》《梅里备志》《王店镇志》等方志资料，以及随后到嘉兴市图书馆、上海图书馆、浙江大学图书馆等公藏机构找到的家谱资料，在年底完成了田野调查报告，通过审核，顺利结业。而我在田野调查报告基础上撰写的《不同历史记忆中的李维钧与梅会李氏——清代官方文献与民间传说中的利益差异》（发表于《求是学刊》2011年第2期）一文，成为我的第一篇自认为应用"历史人类学"研究范式的"作品"。虽然现在看来文章尚显粗糙、幼稚，但我珍视它的诞生过程！

大运河上的历史人类学

就在科大卫老师宣布"告别华南研究"六年后（2010年），香港中文大学—中山大学历史人类学研究中心、香港科技大学华南研究中心和中山大学历史人类学研究中心共同申请到香港大学教育资助委员会的第五轮卓越学科领域计划（AoE）项目——"中国社会的历史人类学研究"。在接下来的七年间，这个项目资助了内地（大陆）、香港、台湾数十位有志于历史人类学研究的学者，将华南的经验向全国各地推广。其中，历届"乡校"学员成为其中主力，我也有幸厕身其间。

2012年博士毕业后，我选择到山东西部的一所省属高校——聊城大学就职。由于地处山东运河沿线，这里的部分学者长期致力于运河及其区域社会研究，形成了较为成熟的研究基础和科研团队。2008年历史学院下成立了运河文化研究中心，2012年升格为独立建制的运河学研究院。而其中的核心专家之一，正是"乡校"二期班"师姐"吴欣教授。

AoE项目启动后，很快确定了山东地区的研究重点：由香港中文大学历史系张瑞威教授牵头，同吴欣教授合作组成了山东团队，开展对山东运河区域长达数年的田野调查和历史人类学研究。由于"黄埔六期"的训练和"身份标签"，我入职聊大后不久，便顺利加入山东团队的研究，并依靠对明清以来南四湖区域"沉粮地"的历史人类学考察[①]，成功申请到2016年下半年赴香港中文大学历史人类学研究中心访学的机会。此外，自2015年以来，我们同张瑞威老师团

---

① 该研究由我同李德楠教授合作完成，目前发表的主要成果有：《从良田到泽薮：南四湖"沉粮地"的历史考察》，载《中国历史地理论丛》，2014（4）；《沉涸之间：明清以来山东南运河区域"沉粮地"的历史与记忆》，见庄孔韶主编：《人类学研究》第七卷，125~142页，杭州，浙江大学出版社，2015；《清中叶至民国初年山东"沉粮地"的垦务开发》，见朱诚如、徐凯主编：《明清论丛》第十七辑，186~204页，北京，故宫出版社，2017。

队以及中山大学吴滔老师带领的"漕运小分队"合作，接力举办了数届运河研究主题论坛暨田野调查工作坊[①]，进一步培训运河区域史研究的硕博研究生和青年学者，某种程度上这也可算作"乡校"模式的一种延续。

2018 年夏天，第十三届历史人类学高级研修班在浙江遂昌举办，我的同事高元杰博士刚刚入职就有幸成为这届"乡校"的正式学员之一。[②]相信通过这次难得的学习机会，元杰将同我和吴老师一样，受益终身。我们也正在共同努力，为大运河研究注入历史人类学的"灵魂"。就像"乡校"创办人之一的赵世瑜老师总结的那样，"连续 13 期的这个班，参与学习的学员总计达数百人，有不少已经是教授、博导，分布在全国各地甚至海外的高校和科研院所，成为各自的领域中的青年翘楚。无论他们是否继续从事历史人类学的研究，历史人类学的理念与方法必然对他们产生影响，并借他们得以传承和发扬。因此，我坚信在当代中国学术史上，会有这个班的一席之地"[③]。

[①] 其中，香港中文大学主办了两届运河主题研究生论坛和一届"大运河上的人"学术研讨会；聊城大学主办了一届"运河学研究生论坛"（2015）；中山大学主办了两次运河主题研讨会暨田野调查工作坊（扬州—淮安；徐州—济宁）。

[②] 据说由于资金有限，这期研修班取消了第三阶段的个人考察资助，实在是非常遗憾！

[③] 赵世瑜：《眼随心动：历史研究的大处与小处》，168~169 页，北京，北京师范大学出版社，2019。

最后，引用我在《嘉兴王店镇田野调查报告》"后记"部分的一段文字，来概括"黄埔六期"之于我们的意义和价值："感谢主办方，特别是研修班各位老师的悉心指导，为我们创造了汲取历史人类学知识的最佳土壤。当我们走向各自的田野，将会自觉地关注生活中的点点滴滴，心平气和地聆听古稀老人的陈年旧账；直面求神拜佛的宏大场面和玄之又玄的传说故事，且不会简单地嗤出'封建迷信'的字样。'读万卷书，行万里路'的箴言虽早在耳边回响，但真正走向田野，才知道历史原来是这样。好奇与迷茫交织，畏惧与憧憬对望。潺潺的溪水，幽幽的山岗，旅途的劳顿，方言的阻碍，都比不上一块残碑、半部族谱带来的喜悦和痴狂！"

（胡克诚，聊城大学运河学研究院副教授，第六届学员）

江西万载

◎ 探访万载高村行记

罗艳春

当例行的集体讨论进行到第三晚时，作为 2009 年第七届历史人类学高级研修班田野文献读本的主要整理者，我已经被冠以了"坑王"的头衔。每当各组学员因为资料的陷阱而争吵不休，即便是偏坐一隅操作着电脑和投影仪，我也能感受到向我投来的"挖坑很辛苦"的同情目光。多年之后，重新梳理各考察点的"挖坑"经过，辛苦的印记已经越来越淡，文献与田野邂逅所带来的兴奋感，却历久弥新。

2007—2009 年，我在中山大学历史学系从事博士后研究。在合作导师刘志伟教授的支持与鼓励下，2008 年 3 月底我抵达江西万载，借宿于县直机关年轻公务员朋友的单人宿舍，到 2009 年初已经断断续续在县城住了五个多月。其间的活动，初期以在县档案馆与图书馆查阅馆藏文献为主，逐渐打开局面之后，也找机会到一些村镇进行田野考察。第七届研修班从 8 月 5 日到 10 日的六天田野考察行程，几乎都源于我这段田野经历与收获。其中既有对以往田野点的回访，也有各种因缘际会之下的新发现。前者如第四天考察的株潭镇石塘村龙氏，我 2002 年 12 月第一次到万载时就曾在村口凫鸭塘畔的龙赓言故居住过一晚；田野考察行程第二天的两座傩神庙，第三天的株潭镇周家大屋以及黄茅镇周氏义门村，都是我参加完 2005 年暑假济源的第三届历史人类学高级研修班之后，于同年冬天到万载开展考察时的田野点。

2008 年五一假期时，在万载县档案馆一位朋友的陪同下，我们一起步行出城，探访路边一块他印象中写满字的石碑。结果循着这通"狮岩修路碑"前行不到一百米，我们就找到了落款时间为元大德二年（1298）的"狮岩"摩崖碑，返回途中又意外发现了被新盖民居遮掩的清中期图会设施"蕃衍堂"。

因为这段难得的经历，所以在研修班田野考察的第一天，尽管学员们凌晨才刚下火车，但我还是很"残忍"地安排了从狮岩徒步回城的行程。至于研修班在万载的最后一个考察点——仙源乡湘鄂赣革命根据地旧址，则是在开班前半个月与万载县湘鄂赣革命纪念馆进行联络沟通时，在馆方的极力推荐下，经实地探访后决定临时加入行程的。整个行程中，第五天考察的高村镇，不仅在文献的收集方面可谓有重大收获，就我个人的田野考察经验而言，也极具典范意义。

初访高村

2008 年 11 月 27 日上午十点，我在万载县城东门汽车站坐上了去高村的班车。此前我对于这个地处全县最西北乡镇的印象，主要来源于文献阅读。方志中记载，清代万载县第一位进士李荣陞是高村人，清中叶第一座县城外的书院是建于高村的高魁书院。江西省图书馆所藏万载族谱中，有三部是高村李氏的。在拜访宜春学院杨永俊教授时，获悉他在 2007 年曾陪同劳格文（John Lagerwey）教授到过高村。当时杨教授正在为"客家传统社会丛书"的万载卷组稿，高村镇政府办公室邱吉华主任是供稿者之一，帮忙催稿也是我此次高村之行的促因之一。

在高村街上下车后，正准备随便逛逛，一位瘦削的男子迎了上来，正是高村镇办公室主任邱吉华。随其到了办公室，交接了他为杨教授写的稿件，听说了我此行主要目的是高魁书院，他随即联系了饶书记。书记名叫饶海隆，退休前任高村镇党委副书记，是 1982 年《高村志》以及 2002 年《高村镇志》的主要编纂人之一。中午吃饭前，在食堂眼见一人手持线装书一卷，健步而来，想着应该是饶书记，果然没错。

接过他手中的线装书，《高魁学校册》赫然在目，真是欣喜若狂。拍完这部学校册，按照约定，下午两点准时去饶书记家还书。进了院子，迎面一间房屋的正堂悬挂着乾隆年间万载知县祝寿的赠匾，神龛上供着三块神主牌位，正中为始迁祖，左昭为二世祖，右穆为三世祖，两旁还摆放着饶书记祖父和父亲的瓷画像。饶书记告知，住宅正是以前的祠堂改建的。让我喜出望外的是，热情的饶书记随后又拿出了一堆宝贝：十来册老谱，两本账簿，外加三本新谱。因为文献数量比较多，一时之间无法拍完，我便在镇政府的客房住了一晚。

次日一早，天色刚刚泛白，我就在镇政府食堂门前的空地上忙不迭地翻拍饶氏账本和族谱。十点钟左右，邱主任骑着摩托车，我们出发前往山弯。从沿途交谈中得知，邱主任从 1975 年参加工作，已经有三十多年的教龄，2001 年借调到镇政府。从 20 世纪 80 年代开始，他先后参与了县里和乡镇多部志书的编修。去山弯的路，是沿着泰溪往上游走，冬日的路边长了许多芦苇。不久我们就在一处房屋前停下，一位小伙听说了我们的来意，很热情地带我们去到村子里。一位老者正巧在房前的空地上休息，我们一起坐下聊天。刚坐定不久，聊起有关李荣陞的话题，老者的话就逐渐多了起来。聊到族谱时，老人先拿出来一部 2006 年修的简谱，主修者正是老者，名叫李传芙，时年已经八十七岁了。在我的一再询问与请求下，他又拿出了光绪三十年（1904）的老谱，一套八本，内容很丰富。在随后的交谈中，我多次表达了想翻拍族谱的要求，老人都没有正面回答。最后，在我打开电脑展示了有关李荣陛及高村李氏宗族的资料，特别是承诺会提供一套李荣陛《厚冈集》的复印件之后，加上邱主任的担保，我们顺利地借到了所有族谱。回到镇政府，吃过午饭，我将资料完璧归赵，在饶书记家合影留念，坐上下午三点的班车回城。

再访高村

按照约定，2008 年 12 月 1 日一早，我带着洗印的合影照片和借阅的族谱，再度坐班车去高村。沿途经过三兴的街道时，恰逢集市，本地人称之为当墟。过了槽源，就是起伏的山路，前几天坐车还没什么感觉，这次在快到终点时，竟然有了些许晕车的症状。车到高村，一切依旧。进到邱主任的办公室兼卧室，简单寒暄过后，我提出想去了解一下潘家桥潘氏，于是他骑着摩托车，载我到了进高村街必经的那座桥附近，找了两户人家，看到了潘氏族谱的谱头和谱尾。根据谱中的记载，所谓潘家桥，原来是叫南山桥，潘家的祠堂则叫南山祠。我们去寻访族谱时，看到有两个工人正在给桥刷漆描红，除了"高村桥"，还有"一九八四年建"几个字也很醒目。老桥是被 1983 年的大水冲毁的。

考察大仙庙途中李传芙老人的背影

拍完谱，回到镇政府吃过午饭，我独自步行前往山弯。走了半小时，又见到了李传芙老人。我们一起坐在厅堂中，听他聊往事旧闻。听说附近有座大仙庙，我忍不住想去看看，老人决定亲自带我去。传芙老人在介绍大仙庙时，说距离山弯不远，大概两华里。走着走着才知道，原来所谓两华里，有三分之二是上山的路。要一位八十七岁的老人家陪同我上山看庙，真是过意不去。不过一路上，传芙老人几乎不需要我照应，还讲了不少与李荣陛有关的传说故事。上到山顶，见到了大仙庙，庙门还只是竖立了一个门框。正殿两间，分别是大仙殿和观音殿，其中观音殿神像前的帷帐是由李传芙捐的。庙门口，一块宣统年间的捐款碑斜靠在一堵新修的墙壁上。因时间仓促，拍了几张照片就下山，在山脚与传芙老人告别后，匆忙赶回高村街上，末班车刚走。在潘家桥苦等片刻无果，只得再次向邱主任求助，帮忙找了辆顺风车，半个多小时就回到了县城。

三访高村

确定万载为第七届历史人类学高级研修班的田野考察地点之后，在拟定的历版行程中，高村都是当然之选。2009年7月11日，我回到万载县城，逐一对拟定的考察点进行前期踩点联络。7月13日我第三次来到高村，将打印好的《厚冈集》交给李传芙老人，在邱主任处拍摄了2005年版的《中华邱氏大宗谱·江西万载分谱》，接洽好考察大致路线和安排等事宜后就匆匆离开。

四访高村

2009年8月9日一早，研修班所有师生乘坐两辆暂未投入运营的城乡公交巴士新车，沿着十八弯的山路，开进了高村。当天的考察细节我未能记录，透过卢树鑫全程跟拍的田野照片，几个场景时常浮现脑海。一个场景是在山弯看完李氏祠堂与村庄后，大家上山去看大仙庙。时年八十八岁的李传芙老人仍旧走在最前列，我和刘志伟老师紧随其后，行进中的队伍在夏日浓郁的翠绿山野间若隐若现。如果说向田野中的民众虚心请教是历史人类学田野考察的准则之一，那么骄阳下的这一场景就是对这一准则的最好写照。另一个场景是在饶海隆书记家中，热情好客的主人为了迎接大家的到

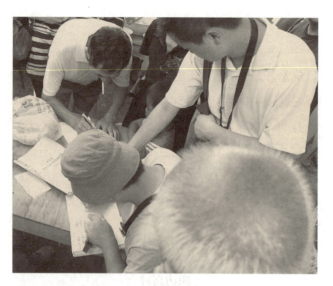

罗艳春代表研修班向大仙庙写捐（卢树鑫摄）

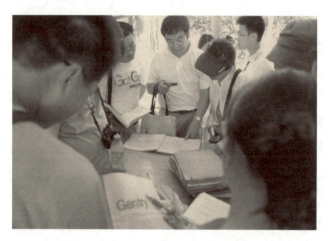

在高村街饶海隆家，研修班师生现场阅读文献（卢树鑫摄）

来，特意端出极具特色的柚子皮、酸枣糕等本地特产，但无论是老师还是学员，大家的目光都被桌上的族谱、账簿、学校册深深吸引，一如我初到高村时的那个冬日午后。

结束高村考察回到宾馆的当晚，是此次研修班最后一次围绕文献进行的集中讨论，图甲制度、朝代鼎革、山林开发、市镇商业、土著与客籍等等，诸多议题都可以在高村的田野与文献中展开。身为"坑王"，我从中获益最大，虽然有不少见解是在后续的田野考察与文献解读中才慢慢领悟的。回视高村的探访考察经历，对我个人的田野考察方面颇有启示。

启示之一，是关于田野与文献。老师们一再告诫，我们去跑田野，收集文献并不是主要目的，重要的是在田野解读文献。对此，已经有太多的成功个案研究可以作为例证。但是我们在进入田野时，总还是对文献充满期待。高村之于我的意义之一，就是在完全意料之外的情形下，面对不同的田野语境，收集到两套较为完整的民间历史文献。高村的经验固然属于可遇而不可求，但随后几年我在追踪万载县城各甲户家族的谱牒文献时，类似的经验还出现过多次。这些经验给了我们信心，无论是20世纪80年代的地名志，还是清代的方志、图甲册等地方文献，其中都是蕴含着大量目录线索的，在田野中按图索骥，郑振满老师提出的建立民间历史文献普查数据库的目标应该是可以实现的。不是我们去收集文献，而是文献在田野中等待着我们去发现。

启示之二，是对田野调查形式的反思。在当晚的讨论，以及后来我们做的访谈中，程美宝教授与刘志伟教授都分别提到了在山弯考察时的一个细节："一个小孩走出来说你们讲什么话，我说我们讲中国话，他说你们讲的不是中国话。那谁讲的是中国话？他指着大概是他奶奶的一位妇人说，她讲的才是中国话。"[①] 老师们由此引申出华德英（Barbara E. Ward）的意识形态模型分析方法。而引发我个人反思的是，为什么在同一个田野现场，却没能注意到类似的细节？我想，除了理论敏感度的缺乏，田野考察形式的差异或许也是因素之一。通常情况下，研究者进入田野大多采取单枪匹马或小团队的形式，为了与田野考察对象建立起有效的沟通渠道，需要尽可能地去陌生化，选择的访谈对象也多为地方的耆老名宿。而类似研修班这样几十人的团队调查形式，对田野现场介入的程度更深，范围更广，陌生化的观察视角也更为显著。在暂时无法采取较长时间参与式田野考察方式的客观条件下，这两种田野调查形式的互补性显而易见。陌生化，是研究者在田野考察与解读文献时都需要保持的自觉。

---

① 《走进乡村的制度史研究——刘志伟教授访谈录》，见常建华主编：《中国社会历史评论》第十四卷，411页，天津，天津古籍出版社，2013。

研修班即将结业之际，刘志伟老师在宜春候车时，建议我以高村为题撰写博士后出站报告。稍事休整之后，2009年8月底我重新回到万载县城，在衙背山半山之腰的有机农业办宿舍"闭关"一个半月，于10月19日结束了一年多的借宿生活，带着出站报告初稿回到广州。2010年暑假，我抽空又去了一趟高村，把出站报告打印稿送给了饶书记与邱主任。2011年7月，饶书记拿着我的出站报告找到高村镇的领导，邀请我在镇政府住了九天，对高村境内的村庄进行了一次更大范围的考察。随后的这些年，几乎每个寒暑假我都在万载各地走访，虽然高村不再是经常回访的田野点，但2009年夏天埋下的这些"坑"，已经到了理应"填坑"的时候了。

　　（罗艳春，天津师范大学历史文化学院副教授，第三届学员、第七届田野导师）

◎ 学在空间与纸上

义门书院[①]问学记

2009年，我参加了第七届历史人类学高级研修班，田野调查地点在江西万载。十余年来，我对万载义门书院的记忆从未中断。头顶烈日行进在万载的乡村野道上，凫鸭塘水面的粼粼波光，义门五兄弟联居的乡村豪宅，通往高村的逼仄的盘山公路，蓝天白云下绿意盎然的梯田，大山深处香喷喷的农家红烧肉，师生挑灯论学持续至深夜……诸如此类的片断场景，无数次回旋在脑际，恍若昨日。然而，2020年接到赵世瑜老师的约稿函后，一时头绪纷纭，大有"一部

---

① 位于江西万载黄茅镇的周氏家族，因六世同居，人口过百，一门雍和，万邑敬仰，朝廷将其树为典范，于乾隆四十九年（1784）封为"义门"，史称"黄茅义门周家"。郑振满老师据其意，将第七届历史人类学高级研修班戏称为"义门书院"，研修班的工作联系群也因之改为"万载义门书院"。

十七史，从何说起"的茫然。踌躇多日，猛地想到，六年前，赵老师便在"打枣竿儿"的博客留下文字："参加该班的各期学员，虽未必后来都在做学术研究，但至少大半都是高校或科研机构的教授、副教授了。我特别想请他们写写他们当年参加研修班的收获，最重要的是写写他们现在在做什么，现在的学术思考是什么。我想读到他们从当年做学员时到现在的认识变化。"[1] 这分明是老师布置了作文题目后，又进一步提示写作的纲要，于是便柳暗花明。

问 学

研修班共举办了十二期，前后跨越十五载，已然成为国内历史学暑期班中的一块金字招牌。诚如韩笑在 2018 年"遂昌班"的开班仪式上所说，参加该研修班，"几乎已经成为一个认同历史人类学的年轻学者的成年礼"。韩笑所言不虚。作为曾经的学员，我对此深有体会。今天国内多数历史学类的暑期班中，无论是课堂授课、学术研讨，还是田野调查等活动的安排，大多是对研修班办学经验的借鉴与发展。

研修班之所以能深受海内外学员的喜爱，主要得益于理论培训、实地调查、独立实践三个环节的严密配合。其开设

---

① 赵世瑜（打枣竿儿）:《为了不能忘却的记忆》，新浪微博，2014 年 3 月 20 日。

的课程主要有历史人类学的基本理论与具体案例，民族志、口述史的基本工作方法，以及族谱、碑刻、契约、宗教文书、商业文书、民族志书的解读，也有对传说、图像等非文字史料如何证史的讨论，内容涵盖历史人类学调查与研究过程中的诸多方面，形成了完整的课程体系。通过这些课程，学员能大致了解历史人类学的基本理论方法与学术旨趣。

两个星期的课堂讨论与田野调查训练之后，研修班集中研修的阶段结束，此后学员根据所学的理论及实践体会，自行选择田野调查点各自独立开展田野工作，切实让学员在理论和实践两个方面得到必要的训练。为获得切身的田野调查体验，我将田野点选在老家合肥的周边村镇，主要对移民、传说与淮军形成的历史进行调查，收集了不少当地的族谱、碑刻等民间文献，完成了一份近三万字的田野调查报告。后来将考察所得资料与《庐州府志》《光绪朝朱批奏折》《字林西报》等中外文献结合，写成专题论文发表在《安徽史学》上。①

当时对老师们在研修班授课的内容虽听得不太懂，但至今印象深刻的还有两点：其一，"过去定义现在，现在则是对过去有选择性地进行记忆"。一般人都会明白过往发生的历史定义了我们的现在，但实际上，我们很多时候认识不到

---

① 王传：《淮军将领王芝生生平事迹考》，载《安徽史学》，2010（4）。

在万载高村镇参加田野调查（卢树鑫摄）

当下的历史书写与记忆是对过往历史事实有选择性的记录。明白了这一点，对于我们解读族谱、碑刻等民间文本与做口述访谈具有重要的启发。其二，文献就是相对比较简约、理性，可以用大脑转换成图像的一类符号。基于人性的相通，后人才能读懂前人留下的文献信息。研究者解读史料的过程，其实就是与史料记录者的交流对话过程。不同的人，面对同一份史料，由于文化、教育、年龄、性别等种种的差异，会在大脑产生不同的图像。好的历史学家和不好的历史学家的分别主要在于，通过阅读材料，在图像转换的过程中，转换得是否贴切，有无创意。事实上，这个转换过程和研究者所处的历史场景密切相关。为了能在阅读材料的过程中进行更贴切的图像转换，可以通过田野调查，来到历史发生的现场，去感受历史现场周围的建筑、山川、河流、人民等风土人情，回头再去阅读文献，所获得的灵感、画面就会和在书斋里读文献时大不相同。这便是研修班老师竭力倡导文献阅读与田野调查相结合的根由所在，同时也是我们在阅读任何历史文献过程中都应加以注意的。

就我个人来说，对研修班的收获是相当满意的。我在博士学位论文《华南学派探源》的"后记"中写道：在研修班的学习，不仅使我获得了对"华南学派"研究范式的直观丰富的体验，更为重要的是认识了一大批义门书院的师友。正是与他们的交流和学习中，我进入了"历史人类学"的实践领域，所获得的田野调查经验虽较为表浅，然也不至于使拙文完全建立在空洞的理论或概念的阐释上。这既是当时也是今天的真切感受，绝非客套之语。

教　学

2014年，我从南开大学博士后工作站出站，回到华东师范大学历史学系任教。因为我硕士的专业是史学理论及史学史，博士读的是历史文献学，导师都是胡逢祥教授，所以系里安排我担任胡逢祥教授"历史文献学"的课程助教，同

建于明正德年间的尚义桥

时要求我独立开设一门专业选修课。很自然，我就想到了"历史人类学"这门课程。

开设"历史人类学"课程至今已逾五年，虽然课程内容还在不断完善中，但基本框架是以研修班课程为基础，内容包括历史人类学基本理论及传说、碑刻、族谱、口述等若干专题。为了尽可能使学生能将田野调查与文献阅读结合起来，经过实地探访后，我决定以位于新校区（闵行校区）的樱桃河、尚义桥为中心来开展教学工作。

梳理南宋到民国时期的几部上海县志，可大致了解樱桃河、尚义桥的前生与今世。南宋《（绍熙）云间志》记载："莺窦湖在县东三十里，周回五里。"即按照古代的计量单位，周长是五里，用今天的计量单位换算，湖域面积约有两三千亩。可是，明代《（正德）松江府志》的记载又有较大变化：莺窦湖"在上海西南五十五里，周五里。旧有邢、窦二姓居此，故名。今已淤塞，讹为樱桃汇"。又说："是湖虽淤塞，而故道犹存也。"这条故道就是今天流经华东师范大学校园的樱桃河。尚义桥是由蒋性中捐资修建的。蒋氏系莺窦湖人，宣德二年（1427）进士，朝廷有司循例为其立表于门，而蒋氏以樱桃河在雨季时河水泛滥影响两岸居民通行，将朝廷奖励的银两用来修建一座石桥。这座石桥便是至今仍然伫立在华东师大闵行校区内的尚义桥。考察明代起修的《南汇蒋氏族谱》可知，蒋性中的祖上在元末明初时，将其家族从黄浦江南岸的南汇迁至黄浦江北岸的莺窦湖，从此便开始在此围湖造田，开垦荒地。此举加剧了莺窦湖的淤塞进程，也为棉花的广泛种植提供了必要的土地。

地域面貌的变化与社会经济结构的调整交互影响。元代黄道婆革新的纺织技术，很快就传到乌泥泾以南的吴泾，这里家家在"冈身"（较高的地块）种植棉花，然后纺纱织布，棉纺织业遂成为该地区最重要的经济支柱。2021年1月通车的上海地铁15号线，在闵行区段正好经过紫冈、竹冈与沙冈附近，并与上海古海岸线平行，懂行的人便称之为"冈身线"。棉花在松江府的广泛种植与棉纺织业的蓬勃兴起，导致松江府及其周围地区的农业经济和农家经营方式发生了革命性的变化。

蒋性中的父亲蒋
荣五十七岁便去世，
从此家道中落，母亲
为了供他继续读书考
取功名，不辞辛苦，
日夜纺织，"朝而丝
缕，暮而布帛。凡家
之用皆赖焉"。蒋性
中在其母亲年迈之
时，为感谢母亲在父
亲去世后勤苦劳作，

吴泾镇历史文物陈列馆复原的"勤织堂"

供养其读书并取得功名，在家中建"勤织堂"，供奉黄道婆，
报答母亲一生的辛劳。今天吴泾镇历史文物陈列馆复原了"勤
织堂"，可以看到，堂上悬挂一方明代书画家董其昌书写的"勤
织堂"匾额，堂中间供奉黄道婆像，对联曰"黄婆遗爱传千
年，衣被天下惠百姓"。令人惊喜的是，据家谱记载，蒋性
中的祖父蒋文富、父蒋荣曾先后充任明代的粮长，这些材料
与梁方仲先生在《明代粮长制度》中的研究相结合，可以将
制度史与蒋氏家族的兴衰联系起来，做出更深层次的探讨。

完成了以上梳理之后，我将地方志与家谱等相关文献提
前分发给学生，带着他们考察樱桃河，并在尚义桥边阅读文

献。2018年，我参加华东师范大学两年一度的校内教学大赛，在决赛阶段，我设计的"樱桃河畔的上海棉织业"，最终获得文科组特等奖。

另外，自2014年起，我一直担任"历史文献学"课程的助教，也随班听了三年的课。一次课后，胡老师对我说，近二三十年来，学界大力收集、利用民间历史文献研究社会经济史，甚至有人提出要专门建设"民间历史文献学"。我们"历史文献学"这门课程不能对此视而不见，你参加过历史人类学的高级研修班，对民间历史文献的收集、整理以及利用也有一定的了解，你回去准备两节课，给同学们讲一次。于是，自2018年至今，我每年都在"历史文献学"的课堂上专门讲授"民间历史文献的收集、整理与利用"。2020年春季，我将课堂所讲的内容写进胡老师主编的《历史文献学方法运用训练》教材中，不久将会公开出版。我想这很可能是国内第一本将民间历史文献的收集、整理与利用写进"历史文献学"的教材。

研　究

我比较喜欢学术史研究的主要原因在于，了解学术史可疏通知远，指示当下学问的门径，在前人学术遗产的基础上先因而后创，不断将学术向前推进。对历史人类学有些了解

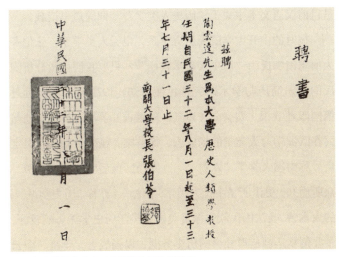

1943年张伯苓代表南开大学给陶云逵的聘书

后，我就一直想从学术史的角度梳理出西方人类学进入中国之后，对中国史学究竟产生了什么影响。换言之，就是要寻找人类学与史学联姻的学术史证据。近些年来也陆续有些新的发现。比如，当下学界提及"历史人类学"一词时，大多将其追溯到20世纪70年代，年鉴学派代表人物勒高夫在描述新史学前景时指出，史学应"优先与人类学对话"，认为史学、人类学和社会学这三门最接近的社会科学合并成一个新学科，并用"历史人类学"这一名称来概括。事实上，早在1943年南开大学校长张伯苓便在给陶云逵的聘书上明确写下"兹聘陶云逵先生为本大学历史人类学教授"。这可能是目前汉语文本中关于"历史人类学"一词的最早记载。

彼时的南开大学既无历史学系，也无人类学系，张伯苓为何聘请陶氏为"历史人类学教授"？只要我们稍微分析陶氏的学术简历与学术研究特色便可知。1927 年，陶氏远赴德国跟随欧根·费舍尔（Eugen Fischer）学习人类学，他与同在欧洲学习人类学的杨成志、徐益棠、杨堃、刘咸、吴定良号称中国人类学"六君子"。陶氏回国后曾任职史语所。众所周知，史语所是中国人类学"南派"（亦称"历史学派"）的大本营，受法国民族学派及美国人类学历史学派影响较深，主要侧重边疆族群社会的历史考掘，以杨成志、李济、陶云逵、凌纯声、林惠祥、卫惠林、芮逸夫为代表。而陶氏的学术研究表现出将历史学的文献分析与人类学的田野调查熔为一炉的特色，其对中国西南部族之鸡骨卜、羊骨卜的研究，便是将人类学与历史学相结合的研究典范。因此，张伯苓聘请陶氏担任"历史人类学教授"，是典型的因人因学而设岗。

事实上，早在 1936 年，社会人类学家杨堃就曾总结出人类学对史学研究的影响：一是"将史学之研究范围扩大"，不仅可以让史学界处理文字之前的历史，同时还将史学研究从以往只注重政治史扩展到社会史、文化史、经济史、技术史等研究领域。二是"给史学一种新的研究方法"。传统史家所用的方法除去校勘与考证之外，在诠释史事方面往往流于主观。人类学通过实地调查，去观察、比较研究对象，这在传统史学研究中不被重视。三是"给史学一种新的理论"。这种理论将从前史学家只知道注意事变（events）、政治、宗教或种族偏见中解放出来，开始注意文化、整个的社会，打破狭隘的种族偏见，建立一种综合的历史。四是"给史学许多旁证"。史学是"拿证据出来的科学"，但有时史料过于缺乏，令史学家束手无策。有时史料虽不缺乏，但因为史家的意识受到时代与环境所限，对史料的看法不同而铸成大错，自己尚不自知，人类学可以为史家提供出许多活的旁证，以供他们参考。杨氏所见，即便在今天看来，也切中肯綮，值得重视。

由上可知，我们今天所谈论的历史学与人类学联姻问题，实际上早已不是什么新鲜的话题，无论在理论还是实践层面，民国学人的成果都已经非常丰富了。因此，我们今天要谈历史人类学，不可忽视民国以来中国本土学术的发展脉络，而这也正是我当前及未来几年持续关注的研究主题之一。

（王传，华东师范大学历史学系副教授，第七届学员）

◎ 田野里的光亮

江西万载考察杂忆

李怡文

倏忽之间，距离我在 2009 年参加第七届历史人类学高级研修班已过去了十一个夏天。在这十一个夏天里，我有过自己跑田野找材料，也有过领学生在海外田野考察。一次次地走进"历史场景"时，那些在 2009 年的夏天学到的知识与方法，体悟到的激励与感动，也一次次重回到我的脑海中。

2009 年看到第七届历史人类学高级研修班的招生启事时，我还在北京大学历史系读硕士一年级，硕士学位论文计划研究宋辽边境的社会史。我当时对以历史人类学作为研究方法而著称的华南研究很感兴趣。不过，由于研究时段和地域的差异，本没有期待历史人类学方法可以直接应用到自己的研究中。在导师邓小南老师的鼓励下，我只是单纯地怀着开拓视野与"朝圣"的心态提交了报名申请。但我自己都没

222

想到的是，历史人类学与华南研究的方法、关怀，实际上贯穿了我之后的硕士、博士学位论文写作，直到今天。

第七届研修班的讲座地点在中山大学，田野地点在江西万载。我在那之前，从未在北京以南度过夏天，临行前对传闻中的酷暑很有些担忧，但时隔数年回想起来，关于炎热的记忆早已模糊，只记得大家在教室里和田野间都学得热火朝天。一周的讲座日程，既有关于民间文献的收集、解读等方法论方面的阐释，也有华南研究、仪式研究等的个案分析。经过一周的"集训"，大家坐上夜行的火车，从岭南一路到江西。记得很多人一夜都没有睡，和一周前才刚刚结识的同道热烈地畅谈着在读的书、想写的论文，同时也在摩拳擦掌，期待着把刚学到的知识付诸实践。

到了江西，虽说是做田野考察，但读文献的时间丝毫不少，以最直接的方式展示了"在田野中读文献"这一历史人类学的重要研究方法。每名学员都获发厚厚的一册史料汇编，史料种类涵盖碑刻、族谱、方志等，按照每天的考察顺序排好。每天的日程也就被出门考察、会议室小组讨论、全班汇总讨论、回房间继续读第二天的考察相关史料这些步骤填得满满的。汇总讨论结束大概都要到晚上九点之后，待读完第二天的考察相关史料，往往距离再出门也就只剩不足七八个小时。我当时天天都在感慨，高考前夕都没有如此高密度地学习过。

负责组织研修班的几位老师也在每天晚上的讨论结束后，貌似认真地说："你们是最后一届研修班啦，这么累我们办不动啦。"我当时也是信以为真，因为真的是很累啊……没想到的是，这几位老师把同样的话又继续说了好些年，但可喜的是，也因此有更多的学生受益于这一宝贵的经历。

在万载田野考察中的一些场景，时隔十一年想起来，依然历历在目。老师们身体力行地表达出他们对材料的珍视和对田野的热爱。记得是田野考察第一天，我们路过一片石壁，本是在看较低处的石刻，但有人发现离地大概两三米的高处也有石刻的痕迹。大家都为发现了计划外的材料而兴奋不已，

学员们在刘志伟老师的引领下拍摄石刻

纷纷拿出相机，试图拍高处的石刻，可惜距离太远，照不清晰。而在大家还在讨论如何才能拍到石刻时，刘志伟老师已经在石壁下开始尝试攀爬到高一点的地方拍照，惊得年轻的学员们纷纷上前，有人辅助刘老师，有人开始从另一侧登高。

类似的事几天之后

又一次发生。我们在前往一座家族祠堂时路过一片颇大的水塘，能看到水塘中有一座面积大约二十平方米的小沙洲，上面竖着几块石碑，远远望去感觉可能是以前家族坟茔的墓碑。而这座迷你沙洲，只通过一座极其简易、完全没有护栏和扶手的木板小浮桥同岸边相连。我们学员尚在远处观望着石碑和小浮桥，讨论着过桥去看碑是否安全，只见一个瘦高的身影大步流星地走过浮桥，蹲在了碑前细细地看了起来。是"碑神"郑振满老师！学员们的热情瞬间被郑老师点燃了，都向浮桥涌去，想过去听"碑神"讲碑。但浮桥和沙洲的承载力都非常有限，所以最后只有几位身手敏捷的老师和学员得以登岛，余下的人都只得留在岸边迎接带着照片凯旋的郑老师。

在田野考察中究竟应该看点什么、问点什么，也是我们学员在实践中取到的"真经"。一切有字的东西——包括碑刻，从居民家中收集到的族谱、账簿等等——自然都是历史学家眼里的宝贝，而寺庙、祠堂的建筑规模、装饰，供奉的塑像与牌位等，也都是理解人们生活的重要线索。不过，除了这些通常意义上的关键点外，让我最受启发的一次学习，来自对义门大屋的考察。

义门大屋是研究万载的一个重要对象，当地大族累世同居，在明代就受到了官府的表旌。（也因为义门在万载地方历史上的重要性，我们这一届学员一直以"万载义门"自称。）

探访沙洲

义门大屋

义门大屋保存得较为完好，也是整个万载田野考察的重点。刚刚踏进义门大屋，在我们还在赞叹整个建筑的宏大之时，几位老师已匆匆地向屋子更深处走去。待我们询问时，老师们解释说，他们是在看整个大屋里一共有几间厨房、几个灶台。因为厨房和灶台的数量、位置可以帮助我们推测这个多次受到表彰的义门，是否真如文献记载以及他们自称的那样"同居共财"。

我在那一刻觉得受到了极大的启发与震撼。后来，读到刘志伟老师引用黄应贵教授的话来概括华南研究的学术志业，即"由地方调查的经验所了解到的平民的日常生活和想法，来改写中国史"[①]，我深切地觉得，历史人类学高级研修班在田野中扎扎实实地践行着，同时也传播着这一理念。"在田野中读文献"远远超出把文献带进田野去读，是同时在田野中获取信息、线索，把田野中的收获与已有的文献比对，可能互相补充，可能证实，可能证伪，无疑会提供更全面、立体的视角。这个更全面、立体的视角常常更有可能贴近、聚焦平民的日常生活。学者们致力于利用"田野＋文献"的方法照亮历史中"沉默的大多数"，在中国史中呈现更多平民的生活体验与生活智慧。研修班每日的集体讨论中，最

---

① 刘志伟：《"华南研究"三十年》，见《溪畔灯微——社会经济史研究杂谈》，75~76 页，北京，北京师范大学出版社，2020。

精彩的交锋都集中在发现田野与文献中的抵牾之处，或者通过不同记载的比对找出史料里的"破绽"。虽然每一天的奔波考察与挑灯读材料都消耗了巨大的精力，但每个学员、每位老师面对着这个更真实地还原出在这片土地上生活过的平民百姓的机会，都展示出了无尽的热情。

在研修班的日子里，每天跟随着老师们马不停蹄地收集材料，晚上参与着充满激情的讨论，很难不为这一个对学术饱含理想与热情的群体所打动。当时还没有流行起"学术共同体"这个词，而研修班的几位主要组织老师，在外更被熟知的集体名称是"华南学派"。我是在参与了研修班后才知道，几位老师并不会用这个名字自我称呼。[①] 时至今日，这一个以华南研究和历史人类学为中心形成的"学术共同体"，依然是我所见过的最紧密、最有活力、最能激发出思想火花的群体。

在到达万载后的第一次晚间集中讨论中，因为阅读材料中的一处细节，郑振满老师与赵世瑜老师产生了意见分歧。两位老师唇枪舌剑，争论的声音也越来越大，会议室里的氛围似乎也凝重肃穆了起来。我坐在下面不由得开始隐隐担

---

① 赵世瑜：《我与"华南学派"》，见《眼随心动：历史研究的大处与小处》，149~151 页，北京，北京师范大学出版社，2019。

忧：老师们这是要吵起来了吗？明天的考察还能顺利进行吗？我在讨论结束后忍不住向身边来自中山大学的学姐诉说了我的忧虑，没想到那位深谙老师们"套路"的学姐哈哈大笑，告诉我大可不必担心。这是老师们在每次集中讨论日程开始时的惯用招数，以此来激发学员之间对史料的热烈讨论。果然，第二天赵老师与郑老师就像什么也没有发生过一样，轻快地并肩走在田间小路上，而研修班的每次集中讨论也都用尖锐犀利的争论回报了老师们的一片苦心。

在"硝烟弥漫"的讨论会场外，这个"学术共同体"也有很多与历史人类学的理念不谋而合的"接地气"之处。在田野考察过程中，每天的午饭时间给大家提供了休息并增进感情的机会，同时也展示出了每个人更"生活化"的一面。比如，万载当地的饮食多带辣，而同行的老师学员中有几位几乎完全不能吃辣。每餐饭菜上齐后都要等同桌的人对每个菜的辣度一一评定后，才能动筷，但有时阅遍桌上所有的菜，能吃的也只有蒸南瓜。有天午饭的一道菜是色香味俱全又颇肥腻的红烧肉。女生们很多只是闻闻香气，赞叹一下，并不伸筷子。倒是几位老师暂时忘却了时常挂在嘴边的"三高"的压力，对学员们的"暴殄天物"看不下去，接管了所有桌上的红烧肉。最后，众老师还与四碗见底的红烧肉亲切合影，留下了珍贵又别样的田野瞬间。

本届师生合影

田野考察的最后一站恰好临近湘鄂赣交界处，午饭过后这一届研修班就要结束，学员们也要四散踏上归程。在午饭时，有老师轻轻哼起了老歌，随即几乎所有的老师都加入进来，声音不高但充满感情。学员们都在安静地聆听。这一幕我记了很多年，每次偶然想起还都会觉得被注入了很多能量与勇气。当时研修班里已经有最早期的学员变成田野导师，成为指导新学员的主力。这样一种有理想与热情的驱动、既严肃又包容的群体氛围，无疑给年轻人的成长提供了最宝贵的养分。

从第七届历史人类学高级研修班"毕业"两年后，我赴美国攻读博士学位，研究领域也逐渐由宋代社会史转向东亚海域史。我一直认为自己在研究方法与理论上都是比较薄弱且不成系统的，选取研究对象与研究的关注点也一直都是随兴所至。直到前些天重读刘志伟老师的《"华南研究"三十年》，才猛然认识到在过去的十一年中，自己其实都有受到"华南研究"和"历史人类学"潜移默化的影响。"所谓'华南研究'，已经不是局限于在某个区域来做研究，而是追求以地方社会做实验场，结合田野考察和文献资料，建立有关中国历史与社会文化的新的研究范畴和视角"；"华南研究的目标在于改写中国历史，实质上是要探索如何从民众的生活和欲求来认识整个社会"。[①]

我的博士学位论文与现在的研究都在关注 9 世纪到 14 世纪中日官方外交停滞的这一时期,特别着眼于僧侣、海商、工匠等非传统意义上的"决策者"在中日交流中的作用。无论是在研究中运用的艺术史视角,关注物质文化与仪式信仰,还是对寺院经济的讨论,以及力图通过发掘、比对多种材料以更接近这些跨越国境的普通人的生活与所想,这些方方面面都仍在"历史人类学"的框架之下。

从读博士时期开始到现在的每个寒暑假,只要时间允许,我都会去跑自己的"田野点"。因为与我的研究时段相关的文字资料大多已整理出版或保存在寺庙中,对我而言,去"田野"除了在当地资料馆收集材料,另一个重要目的是走进历史场景,从而加深对历史人物的体悟。日本九州岛北部的福冈,是历史上中日交流的重要港口,在十二三世纪也存在过中国海商的聚居地"唐坊"。一次我计划乘渡轮从福冈去志贺岛。志贺岛是古代日本前往中国的航船放洋前的重要一站,同时也是著名的"汉委奴国王印"的出土地。不过因为我误在国际码头下了巴士,一路飞奔到国内码头也还是错过了原计划乘坐的渡轮,再加上是冬天,渡轮班次很少,下一班渡

---

① 刘志伟:《"华南研究"三十年》,见《溪畔灯微——社会经济史研究杂谈》,75、82 页,北京,北京师范大学出版社,2020。

轮大概要到三小时后。那一刻我想起日僧圆仁在《入唐求法巡礼行记》中写到的，他滞留在中国的时候，听闻哪里有船来就忙领着随从、拖着行李奔向迢迢千里外的港口，而到了港口却得知船已开走。我当时因错过船和计划被打乱的沮丧，怕是不及圆仁经历的十万分之一。我坐在码头眺望着浩瀚的大海，想到数世纪前，很多远行者就这样寄居在海边，等着不知道什么时候会来的船，一等就是两年、三年。

后来我到达志贺岛，由于冬天几乎没有游客，岛上十分肃静，更增添了"历史感"。我爬了些台阶，到了平安时期就已见于记载的志贺海神社。海神社由于地势高，回望即可看到福冈市高高低低的建筑，向中国的方向眺望却是无尽的汪洋。我曾在检阅史料时读到过一位僧侣给对岸的、一生再也无缘面见的好友写的信函，其中有一句"一生苒苒，两岸苍苍"。短短八个字中包含的层层厚重感情，在国际旅行与远程即时通信已高度便利的今日理解起来，多少会有隔膜。那一天我在海神社所在的小山上坐了很久，一直注视着自己笔下的僧侣和海商在数百年前同样注视过、乘船渡过，甚至不幸葬身于其中的那片海域，努力体会着他们踏上行程前的决心乃至担忧与恐惧，格外希望自己可以把他们的故事写好。

第七届历史人类学高级研修班即将结束的时候，一位来自中山大学、一路随行为大家记录田野瞬间的同学，把相片串成了一段小视频，背景音乐用了蔡琴版的《张三的歌》。我想，这首歌是极适合跑田野的心境的。虽然田野里可能没有"华夏美衣裳"，但走在田野上，走进一个个历史场景中，每每都会感到"自由自在、身心多开朗"。而田野中收获的启发、感悟，以及结识的同道、师友，着实会让人感叹，"这世界还是一片的光亮"。

（李怡文，香港城市大学中文及历史学系助理教授，第七届学员）

陕西韩城

◎ 行走在故乡的田野

赵爽英

　　韩城是我的故乡。准确说，是祖籍。父亲出生在韩城芝川镇西少梁村，那儿曾是少梁国遗址，村子里还能依稀看到当年城墙的遗迹。汉太史司马迁祠在离家五里的梁山上，小时回乡省亲，父亲常带我去游览。

　　小时候回乡的次数不多，主要是因为交通不便。从地图上看，韩城居于关中平原的东北隅，当时只有最慢的那种绿皮火车能到，虽然距西安只有二百多公里，但基本上需要晃悠半天多。到了县城火车站，回到村里还有十多公里的乡路，要么小叔开拖拉机来接，要么搭各种交通工具再加步行，总得折腾一整天。有次父亲带我搭顺风车去韩城，一路上走了很久。只记得路过大荔时已过中午，父亲说大荔沙苑的西瓜甜，我们便停下来在路边买了西瓜当午饭吃。可能是走得太久太渴，那是记忆中最好吃的西瓜。

2005年，西禹高速通车，从西安开车到西少梁村，两个半小时足矣。回乡的时间缩短，空间上的疏离感也发生了变化。几年后，因为撰写博士学位论文，自己开着车一遍一遍奔向韩城，在越来越熟悉的回乡路上，那种故乡情结渐渐升华为学术热情。

2009年定博士论文选题时，导师赵世瑜老师建议我将研究区域定在关中。从区域社会史的视角看，关中的研究并不多。我虽家在关中，但对关中的了解也未必深入。起初，以县志和文物志为线索，陆陆续续跑了西安周边的几个区县，循着"进村找庙，进庙看碑"的思路，踏访了不少村庙，买了好几本地方碑刻集，不能说没有收获。但关中的民间文献类别不丰富，也不够系统，比较分散、零碎。跑来跑去，总感觉"浮"在材料的表面。周末回家，和父亲聊起自己的困境，父亲反问我："你为什么不去韩城看看？"

为什么不去韩城？可能是因为自认比较熟悉，没有那种"陌生感"吧。人类学研究不是特别强调由"陌生感"而产生的透视观察吗？彼时正好读到陈忠实的系列散文《寻找属于自己的句子——〈白鹿原〉写作手记》。在手记里，作家谈到，当阅读完柳青的《创业史》和卡朋铁尔（Alejo Carpentier）的《王国》（原文如此，应为《人间王国》）后，自己对乡村生活的自信被彻底打破，他发现了对自己村庄百年历史的陌生。① 这些叙述在我心里产生了回响，我意识到，"陌生感"的产生取决于观察和提问的视角，而非生活的经验。如果从区域社会史的角度提问，我应该也和当初的陈忠实一样，对故乡的历史完全陌生。于是我决定去韩城看看，也试着寻找一下"自己的句子"。当我不再以省亲为目的回乡，韩城便成为我的学术考古地。

没想到韩城的民间文献很丰富，除了多个版本的县志，文物志里还辑录了大量碑石铭文。除此之外，当地的民间传说、秧歌曲目、方言等都有成文的材料汇编或出版物。在韩城的旧书店，我还找到了几本今人编写的村史，以及几份重修家谱。材料看起来不少，但是怎么消化为自己的东西？

我筛选出几个材料相对丰富的村庄，通过亲友关系，陆续找到撰写村史或者家谱的人。这些现代"乡贤"有一个共同特点，就是热爱自己的村庄，也比较熟悉自己的村庄，同时对我这个城里的"乡党"很热情。他们带着我走进村庄，看村里的祠庙，查询家谱，访问长者，并和我分享他们几十年的研究成果。在他们的协助下，我开始围绕一个具体方向，将材料慢慢聚拢，在这个过程中又会涌出新的材料，发现新

①　陈忠实：《寻找属于自己的句子——〈白鹿原〉写作手记》，载《小说评论》，2007（4）。

的问题。比如在周原村，起先是发现了周原大禹庙里的几十通碑；解读碑文，发现了村内胡、刘、赵、柴等老姓氏的流动，以及清中后期张氏家族的发展；在对张氏家族的调查中，又发现张氏的三个房支与村内三社（中北社、中中社和中南社）的对应关系。紧接着，在踏查村内祠庙分布时，发现社庙、祠堂与各社空间布局的关系。原本注意力只在庙碑和家谱上，但是后来发现，空间布局、传说故事、仪式流程、牌匾题字、祠庙壁画等素材，都有它们的用处。很难说哪一个材料是最重要的，材料与材料之间的联结产生出的信息量，要远远大于材料本身。我渐渐感受到村庄的整体性对挖掘文献、识读文献的重要性。这个整体性，应该就是岸本美绪所说的"场"。

岸本美绪在讨论"地域社会史"的方法论时，提到了"场、常识和秩序"的思路。场是一个"人与人相会，结成社会关系，在相互间反复接触的同时形成社会关系网的场所"，在这个场所里，人通过共同的行为习惯被结合起来，形成了某种"常识"——这个常识可以用"日常生活的意义构造"理解，"也可以置换为规范、秩序等词语"[①]。岸本认为，"常识"不是框架，而是赋予解释行为意义的坐标轴。

---

① ［日］岸本美绪：《场、常识与秩序》，罗冬阳译，见黄东兰主编：《身体·心性·权力》，315 ~ 330 页，杭州，浙江人民出版社，2005。

我在深入村庄内部，像个考古工作者一样"挖掘"村庄文献时，深刻体会到了这个"场"的意义：它的整体性以及由整体感提供的常识，能够帮助我们将零散的、文类丰富的材料连接起来。就像玩拼图游戏，很多时候，我们是靠着对原图的常识性认知，迅速判断出卡片的位置，快速完成拼图的。有时候即便缺失了那么一两块卡片，也丝毫不影响我们对整体图景的把控。从研究角度看，无论找材料还是读材料，如果有了"场"的感知，材料的活力就会激发出来，材料之间的化学反应会产生很多材料之外的信息。

不过，村庄的"整体性"不仅仅体现在岸本所说的人的关系上，还应该将空间纳入。空间也在塑造人的群体关系。人和空间的关系，统一在村庄的整体性内。所以这个"场"不只是人的关系场，或者"历史的现场"，它的含义应该更丰富。我想用"历史的场景"来表述或许更确切。因为"场景"包含了人、空间与事件的动态连接，它更具生态性。而且场景能让人沉浸，让人碰触。如果能够进入"出土"材料的场景内，材料就会活起来，并且能像鱼一样游动。

发现了这个"秘密"，进入村庄的密码似乎就被破解了。这样陆续去了近十个村庄，我慢慢找到了感觉，最后选出几个材料丰满的村庄，又反复去了多次。几个月下来，各种材料找了一大堆，加上文物志和县志里的一些材料，十几万字的材料有了。这些材料后来都编入了 2010 年第八届历史人类学高级研修班的阅读文献里。

2010 年 3 月，赵老师来西安考察，专程随我去了一趟韩城，以确定当年的研修班是否可以在韩城举办。那会儿正是关中平原春暖花开之时，韩城市政府出面接待，韩城市文物旅游局积极配合，天时、地利、人和，研修班的事情就这么定了下来。紧接着，我和师妹宋旭景、陈彦秀三人分工，暑期班紧锣密鼓地筹备起来。

8 月 14 日，来自各地的学员陆续抵达韩城，萧凤霞、科大卫、陈春声、郑振满、刘志伟、程美宝、赵世瑜等几位老师也如期抵达。按照学员人数，我们一共分出四个考察小组：第一组张小也老师带队，学员有刘炳涛、申斌、张传勇、毛帅、张瀞方和宋旭景；第二组吴滔老师带队，学员有张祖群、王华艳、陈妍娇、陈博翼、阿旺加措、陈彦秀；第三组费丝言、谢湜老师带队，学员有张爱华、陈婉丽、李大海、付华顺、石颖、卢树鑫；第四组贺喜老师带队，学员有薛孟琪、李若慧、冯玉新、陈嘉顺、梁心、尹波涛、黄晓玲。整个行程安排，基本上是上午讲座、下午考察，晚上小组讨论或圆桌汇报。

8 月的韩城，天气时而燥热，时而大雨，长期废弃的

站在庙堂窗外拍照的科大卫老师

祠堂角落里的意外发现

祠庙里蚊虫密布。不过大家一起行走在乡间，发现材料，研读材料，会有一种莫名的兴奋感。我记得在滩子村的薛家祠堂，大家正聚拢在一起读碑，忽然有人大叫起来，原来在祠堂的角落里，竟然发现了几大捆20世纪50年代的档案材料。韩城的村庄就像一个文献"富矿"，总是有发现不完的东西，这么多师生一起帮着"开矿"，怎么能不开心。更重要的是，大家在一起读材料，每个人的关注点和兴奋点不同，相互之间的碰撞又会多重激活材料，大大提高了材料的"含金量"。这也是一种"开矿"，受益人肯定是"矿主"。

研修班进行了十天，最大的收获，是对民间文献的收集、研读有了更深入的认识。后来在申请国家课题时，对这些经验进行了总结提炼，分享如下。

第一，将民间文献的收集、整理与识读，统一在历史人类学的田野调查中。民间文献大都散落乡野，田野调查既是对民间文献的"考古挖掘"，也是对民间文献的整理与识读。因为只有在"考古地点"，才能够有机整合各类民间文献，形成不同文类文献之间的互文，同时结合历史场景挖掘更多有效信息，提高文献的"含金量"。

第二，以后现代史学的方法释读民间文献。后现代史学

本届师生合影

强调史料的多文类性，以及文献本身的叙事性。在民间文献错讹较多的情形下，互文的、叙事学的解读方法，能最大限度地挖掘出民间文献的有效历史信息，使民间文献的价值提升。

第三，在论述形式上，尝试将文献阐释与田野调查结合起来，以显示区域社会史研究的丰富性和饱满性。

当然，对这些材料还有另一种读法，那就是我父亲的读法。父亲的青少年时代在韩城度过，大学时离家。对于故乡的记忆，成了他最愿意和我分享的话题。读博士那几年，父亲已经退休，闲来无事，很爱翻看我从韩城带回的各种材料，村史、家谱、文书，他都细细地翻看。这些材料常会勾起他的回忆，他便絮絮叨叨地讲给我听。记得有次父亲生病，病榻上，父亲讲起民国某年村里闹社火，把他养大的一只公鸡杀了祭神。从他略带情绪的话里，我似乎看见了那个抱着公鸡落泪的少年，文献材料里关于乡间社火的记录，瞬间成为有情节感的电影画面。

城市出生、城市长大的我，于乡村的陌生感太多，也时常需要父亲给我"补课"。比如，水地和旱地怎么区分，滩地是怎么回事儿，村里涝池的作用，家里如何祭祖……这些对话不断丰富着我对文献的理解和想象，让我越来越能够

与羊为伍

"同情理解"地穿越到历史的场景内。我开始撰写博士论文时，遇到问题，总爱拿起电话和父亲闲聊。父亲不一定能解答我的问题，但是他的家常话，却常常带给我瞬间的启发。

我一直记得当年在韩城考察时，赵老师对我说过的一句话："韩城是够你研究一辈子的地方！"一开始我并没有十分领悟老师的意思，随着时间的推移，学术认知的深入，我越来越体会到这句话的分量。这些年，我仍不断地去韩城，或因为一份家谱，或因为一块碑文；我也带着各种问题意识，不断揉碎、重整各种材料，从一个村庄里，发现更深广的历史。

2019年底，父亲突然离世。当我意识到他不可能再接听我的电话、和我聊故乡的事，我突然感到，一辈子其实很短，能用一辈子在一个地方读透一个故事，并不容易。在韩城，我还没有走回西少梁，父亲就匆匆告别了。

既然生命有限，那就把故乡的路认真地走完吧！

（赵爽英，西北大学新闻传播学院副教授，第八届学员）

◎ 韩城故事

陈博翼

不知不觉间，韩城之行已有十年了。

有时想想，学术之旅本身是件神奇的事，而行路与读写相伴，又有另外一种奇妙的体验。只是我本身疏懒，没有写行记的习惯，大多数美妙的行程，只能留在脑子里或茶余饭后了。因此这次赵世瑜老师雄心壮志地要编本东西让我们"交公粮"，也算一个不错的机会留点东西。

刚到韩城的第一天很兴奋，我们几个就说那出去转转看小县城有什么好玩的。大街上确实有不少颇具地方特色的商店，店名跟司马迁有关的比较多。逛到一家图书馆，好像是市里的，就想看下是否收藏有什么地方特色的书刊。楼里面很昏暗，转了一圈看到阅览室锁着，不远处有个办公室开着，几个人在聊天，我们就问能否开一下阅览室给看看。里面的一位女同志很警惕，问我们要干啥，为什么要看。我说我们是从北京过来的，想看下有什么反映当地文化特色的书刊。同志们一听是北京来的，立刻就客气了，连说进来喝喝茶，又问北京哪的，我们只好很不情愿地说北大，毕竟平时很不想惹麻烦引发后面的三连问，也不想由此影响别人的判断和态度，然而在地方上这其实是非常有效的。工作人员一听就很不好意思地说确实是没藏啥好资料，主要是给小学生和中学生看的那类，阅览室钥匙在另一位同志手里，大概要下午三点上班才能开。当时大约才一点，我们想那就算了，先去其他地方逛吧，有时间再回来。后来又逛到一家旧书店，很高兴赶紧进去淘，果不其然有旧地图和志书，还有一些地方掌故，于是各淘了一袋。

次日的调研行程始于太史公祠墓、高门和徐村。太史祠里郁郁葱葱很是气派，站在高处看更是襟带河山，颇有"一览众山小"的感觉。当然大家都知道，这大概最多就是一个衣冠冢，而且太史公的衣冠冢也不止这一处。本地人当然也是竭力解释为何司马迁会有各种后人这个问题，这属于我国有普遍意义的乡土历史和国家历史观念结合的产物。与之相应的是高门和徐村的祠堂和墓碑，同样彰显了地方士人的经营。

8月16日走访了文庙、城隍庙、北营庙、九廊庙，第一感觉就是碑实在是太多了，拍也拍不完，也不知道地方文

太史公祠门口的石狮子

史工作者做了多少或做了哪些整理。山陕碑多这事大家都知道，问题是其整理和研究好像也没突破"周秦汉唐"古典模式，没有形成该地该区对近代早期国家意味着什么的新问题或新的解释范式。我最喜欢文庙前吐着大舌头憨憨的松狮，那种慵懒而闲适的表情很能反映这个区域缓慢的生活节奏和有些凝滞的时光或尘封的历史。无论如何，文庙里我们拍了很多碑，到了集合时间仍然恋恋不舍。

　　8月17日参观圆觉寺、起赳塔和毓秀桥，虽然石刻很精美，场面很好看，但仍然只是处于对该地区历史的感受阶段，远没有进入研究的感觉，然而当天最后到了庙后村，情况突然有了变化。因为从之前阅读的地方文史资料知道清代陕西状元王杰就是庙后村人，我们小分队到达之后便以此为突破口四处瞎问。跟几位老人家闲聊，都指向村里一位比较博学的老先生，说他除了字写得好之外，还懂很多掌故，好像还藏有一些老物件，去找他肯定对。顺着方向摸到差不多的地方，看到了一位很有气质的老先生，便上前打听。他问我们要干啥，我说想找著名的"六尺巷"看看（就是那种跟邻居争建宅子但高风亮节退让三尺，邻居也很感动，最后各让三尺，反而有了一条六尺宽巷子的模范故事）。老先生一听就说他就是王杰的后代啊，所以我们就顺势聊起来。聊开后我就问老先生家里有没有什么老的资料，比如契约、族谱什么的，他说有两箱，就带我们几个回他家去了。一进他家我们就感觉很兴奋，是那种大的老宅子，殷实人家。他拿出旧的木箱一开，我们就两眼放光。老先生是很有文化的人，拿出一张就开讲，讲一张，收好再看下一张。这个"故纸堆"里有房契，也有涉及本地水利安排的，还有村里的节庆仪式安排表。

我们看得正开心，突然大部队来了，有不谙世事的队员大喊这里有东西啊大家快来，结果后面的人不明就里鱼贯而入，老先生吓坏了，赶紧收起文件，连声说今天就到这里，不给看了。我们几个一脸黑线，半央求着说再看几张嘛，老先生摆摆手说其实都没什么东西。我们知道已然错过了发掘时机，只好作罢。科老师等人进来后，老先生就请大家去院子里敞开坐下。科老师就问了些村子里的情况，包括下葬抬到哪里等"不经意"的比较随意的问题（以确定村子的边界），老先

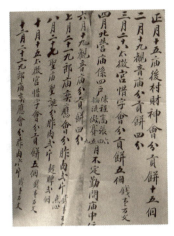

庙后村节庆仪式安排表

生也只是礼节性地回应，生怕来了一大群"蝗虫"席卷走他的宝贝似的。我反正很郁闷，后半段也是陪着听完就告别了，毕竟就像煮熟的鸭子飞了的感觉，好事被"猪队友"搅黄了。

　　本来以为事已至此无可挽回，不过后来吴滔老师跟我说既然前期建立了个人信任感，我们几个人还是可以再去一趟，说不定还可以看到一些东西，但是人一定不能多。于是8月18日，我们利用庙后村半天自由活动的时间，再次去拜访了老先生，希望能重新看到那些"故纸堆"文献。老先生大概也为我的执着所打动，于是又徐徐拿出库存的好东西。这天他的好朋友、一位常年"北漂"的画家叔叔也刚好过来闲谈，所以我们又多了一些共同话题。大致又看了一些水利契

约，也获准拍了《韩城王氏宗谱》全本，临别的时候还很开心地合影。我无以为报，只有手书六尺巷的那首"一纸书来只为墙，让他三尺又何妨"诗给老先生留念，他们也很开心。

8月19日我们去考察了魏长城、城南村、滩子村。魏长城当然已经只剩下裸露在地上的一点点小土堆，不成形了，不说根本看不出来，说了也很难辨识，当然这种景象也可以更直观地理解长城到底是怎么回事、长城与附近民居的共存状态等。在此处我们看了一些好东西，拍摄了《城南村徐氏家谱》。但令人最为印象深刻的，是到黄河边上走了一趟，还到了史念海先生调查过的一个地方，感怀今昔。

8月21日去了周原村、沟北村、井溢村、普照寺。周原据说就是周人起源的地方了，真假是一回事，人们信不信就是另一回事了，我们历史研究者的任务就是去理解和分析让人相信和愿意相信的那个过程。主人用一场大锣鼓欢迎我们，接着大家进村。在一个大院落里，看到门口有大鼓，赵老师就开心忘情地打起来，科老师一看赵老师打也立刻加入，众人一下子受到了很大的感染。科老师很快沉浸其中，两人一唱一和打完全场，畅快淋漓。之后，科老师立刻敏锐地指出，这个鼓乐与其说是周人的，不如说更靠谱的猜测是明人的，是明代军乐的遗存，亦即要寻找卫所军舍和此地的关系，我觉得豁然开朗。很多年以后，当我乐此不疲地跟一位美国学者提起这个我觉得很棒的联系时，该学者笑笑说：那未必哦，科生容易看啥都是明代的。我顿时觉得，嗯，似乎我们确实对科老师是有那么点"迷信"的。

和郑振满老师在党家村

8月22日行程渐入尾声，我们造访了党家村。刚开始还以为此村跟党项人有关系，后来发现好像真没啥关系。党家村很有意思的点是郑老师一边现场教导用抹面粉的快捷法拓碑一边讲解内容，我们大呼畅快。

后来大部队各自走散，我跟着郑老师走，他还给我开小灶，我亲眼见识了他读每个碑都能迅速讲出一个故事的本事，当时的感叹是我自己很容易就读不下去，即使读完了也很难立刻反应出有什么问题、形成什么待求证的猜想，这大概就是郑老师深厚的积累吧。在党家村，我们还明显看到了其与河南深厚的商业联系。

8月23日是最后一天，我们去了西原村和龙门，感受了鲤鱼跃龙门的天险到底是啥样的。《西原村吉新修家谱》

《西原村程氏家谱》固然是不错的东西，但两次跨越黄河，特别是在小雨中狂奔才是最棒的体验，我们都开玩笑说像是"山西饥民就食陕西"或相反。

一段时间的考察下来，我们当然也要有一些总结和形成对这个地方社会发展历史的粗浅想法，我也代表小组做了一个报告，大概分几个大点。

首先是对于地方家族的一个观察。第一，我们发现，以师氏家族为例，彦公、懋公以下，从长子与礼、以义起，出现了更大规模的联宗（《重建始祖祠碑记》，祖祠门口左侧地上），这是很普遍的。康熙到乾隆时期，该族"栋宇倾圮"，"因命弟懋公……"，反映了更实际的宗族建设的开始。师氏的世系中，从师钦（非长子）起才不是单线谱系呈现，其时正是康熙年间（彦公、懋公等为乾隆时人）。彦公主要在外当官，主要是懋公操持此事，《韩城师君行略碑》（康基田撰）所说的"缮祠墓，修谱牒""睦族周亲"的实际含义，正是这类联宗之事。《重建始祖祠碑记》省略的人名中，主要是彦公一辈的祖父辈，其中元字辈有四五十人，文字辈十二人左右，基本是韩城甚至周边县的师氏。懋公后来可能是积劳成疾，乾隆五十二年（1787）十一月完工立碑时"而以丁未秋，寝疾不起，年仅三十有三"。

第二，我们还发现一些宗族赖以维系的"耕读"与当铺、资产管理线索。井溢村石碑显示出曾经存在的两个当铺，另

256

外也有资产管理的资料。《创建祖茔围墙并重修祠前照壁沟涯碑记》也反映了师元杜、师盛德、师秀槐等人以及圣贤会的活动。

第三，姻亲与社会网络也很明显，比如王杰、康基田等案例。王杰题字"师氏祖茔"，表明王氏与师氏的联结；据《师氏五大夫传碑文》，师氏井溢世系显示第十二世有一位元恕（沼亭先生），其次女与王杰幼子联姻，是故师、王两家为儿女亲家；另外，王氏与张氏也有关系，《张恭人墓志铭》（王杰撰）载"观察自高曾以来……韩邑或岁歉，必出所积粟"，"夫子继大宗"。此外，也能看到王氏与吉佩琮、孙希章、康基田、陈九思等的联系。王氏的世系由于我们获取了谱牒进行研读，更为具体。《文端王公神道碑并序》（九郎庙光绪高彦彬拓）、《韩城王氏宗谱序》（广东督粮道王笃序）都很有料，《东阁大学士文端王公杰墓志铭》还显示了王氏姻亲程氏的内容："明年公与程夫人齐眉八秩"，"孙九……"。王氏和程氏也有合股生意。

第四，寺庙和科仪的内容，这是另一个重点观察到的点。很显然，二郎庙是当地重要祭祀场所。乾隆四十五年（1780），"同首事人"王氏二人、孙二人参与。同治六年（1867）重修的碑反映出一些会社参与了庙的缮修和乡里凝聚工作："明嘉靖二年，本村耆老陈公广南""同治丁卯重修""集贤会勒石"。光绪三十二年（1906）"万善同归"又重修二郎庙。

"集圣会"（同治六年）、"集贤会"这类经常被提及的组织，很多跟观音祠有关，主要涉及的姓氏有王、吴、陈三姓。程氏的活动跟这三姓也有或多或少的交织。

城隍庙和财神会。陈彦秀发现《重修城隍庙记》（薛亨撰）有"礼以义起""而罗诸神""吴"（南社）的关键信息；《城隍庙记》（张士佩撰）有"秋报赛会""分隔竞胜"和"北耆陈撰"的记录（我们见到的城隍庙只剩一个戏台），表明了张氏和陈氏的合作；《重修城隍庙碑记》（苏进撰）以及陈克典的记录联了张氏和程氏："大马宪张公为记""北隅程嘉佑"；《重修城隍庙记》"十社耆民议""其工则曰北社分任之""为客商居货之所"等记录和"陈一德、高居凤、程易贲、陈尔极"等署名又联结了程氏和陈氏；庙中光绪十八年（1892）、二十年（1894）的碑所涉及的以王、吴两家为主，程氏仅一两位（光绪十六、十八年的香炉则显示为郭姓，表明晚清地方势力可能有一些变动）。

城东门外的娘娘庙、东岳庙、法王庙、东关庙，以及城北赳赵寨圆觉寺等科仪祭祀场所，还有吉石笙家族购买赵西里师氏土地推行"德教"也显示出不同的传统对地方社会的影响。这其中有明显的金元传统与佛教影响，包括"耍神""黑虎灵官""大黑天（梵语 Mahākāla）"等所拜之神，大黑天的形象在一些建筑檐上也有体现；道教"赵公元帅"与"玉枢火府天将"（大禹庙祈雨）也经常能见到。九郎庙出现得少，但王华艳发现碑上有两处关键的姓程者。

第五，商业影响，这应该算是最后一个能明显观察到的点了。城南关当铺、旧衣店中，我们发现了各种号、当，包括"永盛当、永泰号、景泰号、程天佑、北隅里程受祉"等内容。感觉程氏在地方上有很大的商业影响。买地卖地的例子也看到一些，赵氏、薛氏均有，还有吉氏买赵氏的土地。我们推测，此地嘉、道间靠商业发家，咸、同、光时期进一步发展。推测依据是《砌临坛坡并廗洞记碑》中"东郭外……往来辐辏之区"一段。吉登霄、王鹗的例子也是一个参考——吉、王二家出钱修坡，也是在商业兴盛时期。党家村与河南的商业联系的例子更是直指这种进一步发展的原因："太平军兴咸丰岁，东南路途不平康，商旅改趋宛襄道，两地生意更发皇。"

这些便是研修班期间短暂阅读和调研的一些粗浅观察和猜想。无论是否能证实或证伪，也不管后续同学们是否有进一步去查阅和跟进，这种实地训练、搭建框架和形成问题意识的方法，对年轻学生而言才是真正受益无穷的。

和很多人不同，我是从北京坐火车穿越了整个华北到达陕西的，华北大地的一些景象令人感慨，尽管这并不是南方小城青年第一次体验华北，但依旧有很多触动和想法。去的时候在火车上与申斌兄兴奋地一路聊，海阔天空，从社会调查到王朝存续和土崩瓦解的机理，畅快淋漓。印象中是到西安跟大部队会合再转车一同前往，回程发现韩城有经停站可以直接回京，又体验了不一般的穿越黄河之旅。回京途中再次凝望华北大地，又是一番感慨上心头。

（陈博翼，厦门大学人文学院历史系副教授，第八届学员）

◎ 韩城攻略

2010年8月，第八届历史人类学高级研修班在陕西韩城举办，活动的组织者赵世瑜老师招呼我去当田野导师。此前研修班已经办了七届，我作为学员参加了第一届，之后一直致力于找各种理由逃避"服役"，也就是担任田野导师。所谓田野导师，用"传帮带"一词也可以，主要工作就是带着新学员做田野考察并组织讨论。

从学习的角度出发，我非常乐意参加研修班，但是不想当什么田野导师去指导别人。这种只想输入不想输出的自私表现是大中至正的赵世瑜老师无论如何都不能容忍的[①]，因此我几次申请参加，都被他毫不留情地拒绝了。我心里也不

---

① 赵世瑜老师这方面的风范，参见我2009年6月的博客，题为《跟我斗？》。

韩城攻略   261

是不后悔，但是人卡在了脸上，只能态度坚决地表示不让去就不去，没什么了不起的。

韩城班开始之前，大概是因为进入了21世纪的第二个十年，或者人生迈入了半百大关，几位大佬画风突变，开始走多愁善感路线，以前的斩钉截铁冷嘲热讽变成了三分感伤二分哀怨一分自怜，让我觉得剩下的四分无论如何不能再恶化了。而赵老师不计前嫌，递过来橄榄枝，要是再不接着，就有点不识抬举。特别打动我的，是他们说起这次研修班应该是最后一届了，于是前面几次逃役的歉疚感在我心中逐渐升腾，终于凝成了一句话：放着，我来！

韩城是个好地方

韩城，位于陕西省东部黄河西岸，关中盆地东北隅，北依宜川，西邻黄龙，南接合阳，东隔黄河与山西省河津、乡宁、万荣等县市相望，距省会西安240余公里，总面积1621平方公里。

韩城历史悠久，夏、商时期以"龙门"代称。西周称韩（侯）国，后为梁（伯）国。春秋战国为少梁邑。秦惠文王十一年（公元前327）置夏阳县。隋开皇十八年（598）改称韩城县。其后有多次变更。后唐明宗天成元年（926）复名韩城县，此后再无变更。

一句话，韩城就是位于陕西东部黄河边儿上的一个县级市，历史悠久。其实说到陕西，用不用"历史悠久"这个词都不吃劲。按照以往的经验，作为以研究明清以降历史为主的我们，在陕西这样的地方跟考古、文博系统的同志等闲不要说自己的调研对象，因为有可能会遭到鄙视与疑惑参半的——"明清有什么好看的？"或者听起来是抱歉实际上是显摆的——"对不起，明清的东西没有啊，前面的都收不过来"。不过我们仍持着"蛮子憨宝"①的精神，在田野调查过程中寻找材料与感觉。事实上，即便是早期历史的遗存，也往往经过了明清的改造，有的则是再造，所以我们还是大有用武之地的。

韩城有司马迁祠。在网络中检索"司马迁祠"，你会看到以下内容：据县志载，"《水经》注：子长墓有庙，庙前有碑。晋永嘉四年汉阳太守殷济，瞻仰遗文，大其功德，遂建石室立碑树柏。太史公曰：迁生龙门。**是其坟虚所在矣。**"北宋靖康四年②，重建寝宫。清康熙七年又进行了大规模扩建，是由县令翟世琪与芝川乡老扬四可等二十人共同商议完成的。司马迁自序中有这样的说法："昌（高祖）生无泽（曾祖），无泽为汉市长。无泽生喜（祖），喜为五大夫，卒皆

---

① 有关"蛮子憨宝"的研究，参见赵世瑜：《面目可憎：赵世瑜学术评论选》，北京，商务印书馆，2019。

② 词条原文如此。事实上，靖康二年（1127）四月金兵南下攻破北宋都城东京，掳走徽、钦二帝，北宋灭亡。五月康王赵构即位，改元建炎，史称南宋。

葬高门。"又解释说，这个高门就是鬼东镇的高门村，高门村南距祠墓约四华里，司马迁的先茔即在此。这一番说辞，应该是来自司马迁祠的某个介绍材料，然后被各个网站引用。在韩城，我们也确实依次看到了司马迁祠、"祖茔"、司马迁的"后裔"居住的村庄，甚至司马迁的"真骨墓"！遇到了祖师爷，大家首先是纳头便拜，不过心里都明白这里面有整本的故事，本文篇幅窄小，不能展开。只能提示，讲述这套故事的碑，都还在司马迁祠中呢，有兴趣的，去读就是了。

此外，韩城有著名的山陕民居样本党家村。韩城市政府网站和各种旅游网站中对党家村是这样介绍的：党家村全村多数为党、贾二姓，因党姓居住在早，故称党家（贾）村。党家村位于城东北9公里西庄镇境内，占地16.5公顷。始建于元至顺二年（1331），地处东西走向的葫芦状沟谷之中，全村320户，1400余人。明成化年间，党、贾两姓联姻，合伙经商，生意兴隆，成为地方巨商富族，因而明清两代有较大规模兴建。清咸丰元年（1851）在村东北高地建寨堡，使村寨相通，连为一体。现存四合院123座。党家村民居历史悠久，选址恰当，建筑精良，内涵丰富，有村有寨，群体保护完整，公用设施齐全，避难防御安全。村中有文星阁、祠堂、私塾、节孝碑、看家楼、暗道、哨门城楼、神庙、涝池、古井、火药库等公共建筑和独特建筑。村中20多条巷道纵横贯通，主次分明，全部条石或卵石墁铺，古色古香，

党家村全貌

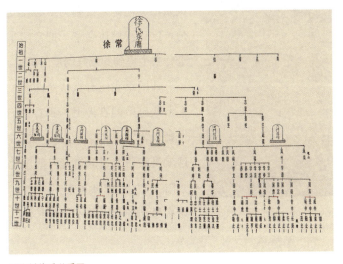

城南村徐氏世系图

别具一格。

　　不过，可能是党家村被开发得比较多的缘故，遍布的提示板大大影响了作为考察者的感觉，这令我本能地有所抵触，所以在村里一直有点身到神不到。反而是另外一个没什么名气的城南村给我留下了深刻印象。这个村子紧靠黄河，我们去的时候下着小雨，天水一色，沿岸不断有坍塌的房屋，苍凉破败，令人油然而生种种复杂情感。当然，我最有兴趣的还是从社会经济史角度观察到的东西：河滩地的面积随着水涨水落而发生变化，因此，丈量的时候须从岸边向河中推进，这样大家进退一致。村中一户徐姓人家保存的族谱也非常有意思，世系图分明是以祖墓为中心建立的，这让我们体会了一把常建华老师书中提到的墓祭制度的历史。

师长治祖茔刻石

　　韩城跟我还有点情感渊源。在一块破败的石碑上，我看到了"师长治"三个字，心中一惊，这就是我研究过的道光年间湖北崇阳"钟九闹漕"时在任的县令。①这次暴动的起因并不在师长治，

———————————

① 关于师长治的记载，见《清史稿》列传及《魏源集》。

他只是恰好在这个位置上，而他也做了传统社会在这个位置上的人通常做的事——送走幼子与官印，与城共存亡。"钟九闹漕"是我用历史人类学方法进行过的最早的研究，当时投入了大量的精力和深刻的感情，没想到在这里与材料中的人物不期而遇，也算是久别重逢。应该说，这也是我对历史人类学研究方法着迷的原因之一：你在材料中看到的每个人都是活生生的，特别是，他们都是有"根"的。

上有"老"下有"小"

我是历史人类学高级研修班的第一届学员，内部称"黄埔一期"。当年在研修班培训时，陈春声老师要求我们进村三十分钟就必须拿出个模式，哪怕是错的。不过我比较缺乏训练，当真拿不出，都是靠同班的黄志繁同学解围。当学员时还可以偷懒，当了导师就偷不得懒，更何况赵老师是研修班永远的组织者，刘志伟老师、郑振满老师等是研修班永远的督导，举头三尺，这才是我此前千方百计逃"役"的真实原因——要是自己都总结不出来，上面是老师，下面是学生，岂不是更丢脸。但是这次无论如何硬着头皮也要上了，于是每晚的讨论中，我都面色凝重地带着小组成员回顾考察过程、分析材料、总结模式……

十年后的今天，我必须向当年我带的这组同学说："你

上有"老"下有"小"

们表现得非常优秀，如果从讨论中有所收获，那么全都仰赖你们的独立之精神、自由之思想。由于年纪渐渐大了，很多你们的事迹我现在没法一一回忆起来，不过申斌对县志的分析、张传勇对城隍庙材料的解读，都给我留下了很深的印象，还有蹦蹦跳跳的毛帅，学术上毫不含糊。而我的优秀则表现在我基本上没说过什么，对你们的不良影响应该是压到最低程度了。"

本组之外的学生，我对陈博翼印象非常深，学术基础好，又非常能说，没有机会创造机会也要巴拉巴拉，还经常口出狂言，怪招人稀罕的，现在也是知名青年学者了。不过，要说最出彩的还是赵世瑜老师的学生——郑振满老师称之为"赵氏孤儿"，因为赵老师在前面至少两届活动中都因为过度辛劳，差点"挂了"。

其实半数以上的研修班是赵老师承办的，所以服务工作也基本上是他的学生做的。在韩城班服务的有宋旭景和陈彦秀等。宋旭景现在也是成熟的编辑了，为历史人类学研究出了很多好书。当时还是大大咧咧的小丫头，一直跟在我和她师姐杜正贞后面东看西看。陈彦秀模样小小，却非常有闯劲，后来就闯出个故事。

当我们到城南村看河滩地的时候，有精明能干之长者给大家讲古，陈彦秀跟他拉呱得甚是亲热，提问的内容也很详细到位，包括河滩的特点、经营方式等。我自己是最重视访谈的，所以在旁边仔细聆听，极为欣赏。杜正贞作为师姐也陪在一边，微笑旁听。话题转到滩地的承包问题时，陈彦秀问："滩地外包由谁决定？"长者答："村长[①]。"陈彦秀再问："那村长要是贪污怎么办？"我心里顿时一沉，以往的访谈经验告诉我：完了。长者呵呵笑了起来，有点窘迫，不过还够宽容："那怎么会呀？"我咳了一声，陈彦秀如梦

[①] "村长"是过去对自然村和行政村领导人的俗称，规范性称谓是"村委会主任"，简称"村主任"。为表尊重，本文保留了长者的叙述。

方醒，定睛将长者看一下："您就是村长吧？"我和杜正贞一头黑线，捂脸逃开。

鉴于陈彦秀的突出表现，我当天在博客里专门为她写了一篇，题为"我就是村长"。

苦乐年华

做田野调查，长途跋涉，天气恶劣，饥饱不时，到访不遇，那都是不用说的。[①] 但是有些"奖励"却是额外的、随机的，唯一能保证的是每次都有。韩城班给我的惊喜是虱子、跳蚤。作为养猫人，这些小小不言的寄生虫对于我来说可以完全无视，但是这次遭到重创的印象，至今难以磨灭。

那是一座久未启封的家庙，好奇心驱使我们必须打开看看，于是寻寻觅觅请了拿钥匙的负责人过来。这种时候我通常一马当先，结果门一打开，就看到黑压压一片"乌云"沿着地表过来了，具体情形请脑补《印第安纳·琼斯》《木乃伊》等大片里的场景。我叫声"不好"，赶紧把裤腿塞进袜子里，一边乱跳，想把进攻者甩脱。然而已经来不及了，接下来还有需要考察的地方，也只好如此。过了一阵，我就开

---

① 我曾写了《你将不再是"那个历史学家"——我们为什么要走向田野》一文，纪念2003年我在湖北崇阳差点饿死在山里的美妙经历，见王兆成主编：《历史学家茶座》第一辑，100~105页，济南，山东人民出版社，2005。

始觉得浑身不自在，勉强熬到中午回驻地，立刻将所有衣服泡在水里，身上已经惨不忍睹。这一拨虱子、跳蚤好像有毒，后遗症反反复复发作，大概过了半年甚至一年才好些。最要命是连累了不知多少密接者，反正研修班期间所有来过我房间的人无一幸免。

除了克服各种困难，研修班的优良传统还包括早上七点就开始跑田野，晚上讨论则要到夜里十一点，大家比的就是谁能熬过谁。特别是要杜绝文化学者的心态，不能只是观风望景，要把看到的东西都纳入学术思考中。这个传统也是渊源有自，2003年第一届研修班，时间是空前（当然）绝后的十四天。"711"了几天之后，大家明显疲惫了。于是当地同志安排了我们到空中草原去玩。彼时绿毯如茵，骏马奔驰，大家一人一匹，撒起欢来。正欢腾时，被科大卫老师一顿怒吼，掀翻在地（因为我们跑远了，所以对象其实是赵世瑜老师）。大意是：我们是来玩的吗？我们是来做研究的！为什么做这种没意义的纯娱乐？！我觉得这一段可称为我们的痛史。之后的若干年里，我们互相之间都念叨一句话：我们做历史人类学研究的人是从来都不玩的。[1]

自第一届研修班毕业到现在，将近二十年过去了，在断

---

[1] 当然这也导致了我的一个误区，凡是景区我都不去，直到我遇到江夏龙泉山楚王墓群才想明白，重要的东西还是在重要的地方。

断续续跑田野的过程中，我觉得"慎独"二字一直都写在我脑门儿上，哪怕是自己一人，也严守这个早出晚归的规矩。如果带学生，则坚持当天材料当天讨论。在韩城，因为几位老师反复强调这是研修班的最后一届，我更是要拿出百倍精神，站好最后一班岗。所以跑田野的时候我幽灵般不时出现在本组同学身边，晚上讨论则务必让他们把当天拿到的材料读到读不下去为止。到了活动的最后一天，艳阳高照，大家挥汗如雨。我犹自两眼炯炯，盯牢同学。我的紧张状态惊动了贺喜，她悄悄走过来拍拍我肩膀问："你上弦了？"我回答："其实挺累的，不过不是最后一次了吗？那得挺到底。"她又拍了拍我的肩膀，笑了一下，走开了。

第二年，我才明白她笑什么——我又收到了举办研修班的通知！我执着通知去质问刘志伟老师，刘老师眼都不眨地回答："这是一个新的系列，重新计算的。"——这种谎言，当我制度史是白学的？！

再后来，还是每年都有研修班，每次都说是最后一次。

一切都是套路，他们怎么可能放弃诲人不倦的机会。

革命尚未成功，同志仍须努力。

（张小也，深圳大学历史系教授、系主任，第一届学员、第八届田野导师）

贵州锦屏和黎平

◎ 守望与回归

钱晶晶

2011 年 8 月 22 日，车在土路上颠簸，这一次回三门塘不再是自己一个人，同行的还有不少师长和学友。回想2004 年的那个寒冬，我便与这个清水江边的侗族村寨结下了不解之缘，第一次做田野考察时因为和住宿人家隔壁的某一个女孩长得相像，而被那位阿姨认作了干女儿。从人类学的古典进化论的摩尔根（Lewis H. Morgan）开始似乎就有了认亲的传统，我这个初出茅庐的新手也继承了这一传统，从而在这个村里有了众多"亲戚"。这一次回来，感觉就像领着一群客人回家。

从锦屏县城到三门塘的路上，某些河段已经干涸，之前为了修电站影响生态的事还专门去了趟县政府，现在看来已是无力挽回。几年前，为了体验"外三江"，从清浪到茅坪

带大家绕村

沿清水江差不多走了一天，至今记忆犹新。清晨的云雾还没有在山峦之间散去，一团团、一簇簇萦绕于黛青色的杉木丛间。青草铺满了河滩，偶有几只水牛安闲地吃草，那些图景犹在眼前，那样熟悉与亲切。

过了垒处大桥，离三门塘越来越近，我心里涌起了归家的欣喜。车在三门溪停下了下来，等不及其他师长学友下车，我便快步奔向了渡口。渡船的大哥还是那么热情，送我过岸，赶紧换上当地的北侗装束，和等候在寨口的阿姨们一起拦门迎接远道而来的师长、学友们。这一次，我也成为她们饮酒祝颂中的一员，看见大家的笑脸，我沉浸在喜悦里，对三门塘的思念才开始慢慢淡去。师长们几杯甘甜的米酒下肚，似乎就已经被村民们的热情融化了。

今天是第九届历史人类学高级研修班的最后一场报告，不像往常安排在某个会场，而是在我的田野点。由于研究的主题和空间有关，老师们要求我带着大家边走边做报告。虽然烈日炎炎，但大家还是蛮有兴致的。当我在村头的杨公庙给大家讲故事的时候，正好来村里做调查的厦大学人误把我当成了村里的导游，不禁问道："你们村哪里来的这么好的导游？"我想一个人类学者最好的状态莫过于成为一名当地人，不是因为穿着当地人的衣服，而是你对它的了解已经超过了当地人。然而，被当地人接纳、信任，愿意回答你的任何问题、无条件提供资料，这绝非易事。

在中山大学求学的时候，读过《天真的人类学家》，而到了田野可能我才开始慢慢明白为何要天真。博厄斯（Franz Boas）的文化相对论是我当老师之后一再和学生强调的东西。这是人类学研究文化的基石。这个关键的学术理念，说起来高远美好，但是做起来如何，只有亲自做过长期田野调查的人才知道。

记得第一次去村子里做田野调查，师兄决意要留下陪我这个从未实地调查的学妹几天。村里有一位读过师范的老爷爷，他对村落历史十分了解，自然是一个很好的访谈对象，相对于村民叙述的零散与随意，他的叙述更为系统与专业。但我同时也第一次遭遇了"性别歧视"。他总是偏向对师兄述说，我在旁边像一个陪衬。于是第二天我就以各种借口把师兄弄去他的田野点了，临走时师兄很不放心，我说"你把你的大白兔奶糖留给我吃就好了"。就这样，那些大白兔奶糖陪我度过了第一次一个人的田野调查。田野调查是人类学者的成年礼，这话一点都没有错，在对你的调查对象展开调查之前，你已经被你的调查对象设下了一道道考题，考试通过，村民才会真正地接纳你。他们在观察你对待拖着鼻涕哈喇子的小孩的态度，他们在观察你会不会吃掉老奶奶用她的筷子夹给你的肥肉，他们在观察你会不会抹去板凳上的灰尘才入座……在你还没有真正展开田野调查之前，你是被他们调查的对象。另外，对个体而言，我还必须打消"为什么你一个白白净净的城里女孩要到我们条件这么落后的村里来？"的疑惑。

因缘际会，遭受"性别歧视"之后，镇上的领导找我写一篇某个新集镇选址的文章，完稿后镇长就拿去县里会上念了。事后老先生对我的态度来了一百八十度的反转，经常主动来我住的村支书家给我讲村里的故事。在这样一个依山傍水的传统村落，人们的生活节奏是缓慢的。但是我的田野调查进度不能太过缓慢，对于在限定时间之内必须完成一定学术计划的研究者来说，每一天都必须有新的收获。我甚至庆幸那个时候没有智能手机，我可以全神贯注地进入访谈的情境，甚至不用录音笔做访谈，这训练了我极好的速记能力，也可以让我聚精会神地去捕捉到访谈者说话时的表情、神态，甚至当时的光线与味道。人类学家要有极好的共情能力，就像一个极好的心理咨询师，深度的交谈与沟通只能在没有录音器材的时候完成。真话只有在深度信任的时候才能说出。作为人类学者的成年礼——田野调查，它不仅仅是一种专业训练的手段，更是砥砺学者自身品格的方式。三门塘，这个村落教会我感恩、宽容、安忍与坚定。

一个只有几百口人的村落，至今仍留存有几十块清代乾隆、嘉庆年间的修桥、修路等功德碑。如果换成历史学家，他们必然是欢呼雀跃、如获至宝。形成强烈反差的是，当地人并不会如此。他们对于"稀有"的珍贵史料基本采取熟视无睹的态度。相比这些，村里阡陌交错的小路，门栏上的雕刻，爬满青藤的古桥，庄严肃穆的宗祠……这些实物勾勒出的场景，才是他们发挥历史想象依托的空间。

当我在第一次田野调查结束，已将村里所有的碑刻资料都收集完毕后，我开始思考在这个村落空间之外是不是还有漏网之鱼。答案是肯定的。于是，我不停地找人询问，问及那些已经十年都没人走过的路，村民只能告知碑的大概位置。

住家的叔叔让我第二天清晨五点就起床，我对这个时间很是纳闷，事后我才知道原来那条路走得很艰辛。山水之间还弥漫着雾气，我们就出发去了江对岸的山里。原来那是一条石板路，但是由于年久失修，无人行走，都已被草木落叶覆盖。难怪叔叔带了一把锋利的镰刀，一路"披荆斩棘"，不长的路却走了几小时，终于在一座破朽的木桥旁找到了那块石碑。我看着这块斑驳的石碑不禁感慨，时隔百年，这些古人的字迹已经模糊，但它却给我们留下了重要的历史信息。它也和我们开了一个大玩笑，在寻找这块石碑之前，村里人都说这块是王家人修的碑，因为如今住在河对岸的便是王氏族人的其中一支，而它实际上是清朝乾隆年间刘家人立的修桥碑。

　　在田野调查中，我慢慢发现当地人对于自己的历史认识是非常模糊的，他们所选取的历史往往基于现实需要，进行加工、篡改或是美化。这些出于工具理性或是情感寄托的历史编撰与叙述，又回到了一个困惑我很久的问题——到底何为历史的真实？当年，我带着这样的疑惑进入历史系读博，聆听一场场优秀学者的讲座，阅读科林伍德（Robin George Collingwood）的《历史的观念》之类有关历史哲学的书，可依然没有找到我想要的答案。当时的我，痴迷于人类学田野调查的现场感，对于由过去文字构造出的世界总觉得有些疏离。与传统历史学者用史料铺陈开的历史不同，在我看来在一个小村落里，村民便是他们自己最好的历史学家。他们懂得筛选、运用、整合来自他们祖先的各种信息。这些信息有些来自族谱，有些来自碑刻，有些来自道听途说，甚至有些来自主观臆造。历史是一个繁复的创造过程，它不仅仅是一个书写于纸上的结果，也是一个动态的过程，更是一个地理空间内的文化实践。

每当暮色降临，我都会踱步到三门塘的渡口。看着这条碧澈的清水江缓慢流淌，不得不感叹时间逝去的不可抗拒，一次又一次臣服于历史的重量。当冬日的某个午后，和村里人一起坐在街角晒着暖洋洋的太阳时，"国家""市场""权力"等这些在学术研讨中反复出现的关键词都顷刻消散了，不用后现代理论去消解这些词，村民的闲谈足矣。学术界的历史离他们很远，碑刻族谱里的历史他们未必重视，什么样的历史对于他们来说是有意义的？想到这里，过去与当下不曾割裂的历史人类学才在我的心里浮现。人们在部分地拣选历史，时间作用于这个村落，在那些可见或不可见的痕迹中，在较长的时间跨度里，我们似乎可以觉察到某种相对稳定的结构。

清水江边的三门塘

　　村里的每一块石碑我都触摸过，年老的长者也都拜访过，在去打猪草的田埂上摔过跤……当细腻而又真切地贴近这片土地，观看这个村落的所有色彩，倾听这里的所有声音，另一个世界便呈现在自己的面前。铺展开来的一个个生动的场景，都构成了自己的学术思考与生命价值。当真正进入他者的世界，培养起和当地人的亲密关系，生起某种单纯的情感时，自己便像个当地人一般开始审视他们的世界，似乎也同样感受到了他们的喜怒哀乐。可是再好的画家写生，也不可避免会带上各自的笔法风格。我们受限于自己的经验、文化、教育背景而得出结论，提出某些自认为可以碰撞习以为常的文化概念的想法。在田野中，我们与自己的研究对象互动；

离开田野，我们和学术同人切磋，在这一次次互动中促成了种种学术考问与反思。而当 2019 年我的《历史的镜像：三门塘村落的空间、权力与记忆》一书运到村里供大家阅读时，这本书也将成为当地人对自己历史想象的另一个凭据。历史的镜像还在继续……

"正是我们与他人之间在信仰和感觉方面的不对称，使得我们有可能找到自己在这个世界上的位置，找到在这个世界上的感觉，并且找出我们想要去往何处或者不想去往何处的定位……模糊了这些差异与不对称，也便切断了我们与这样知识的联系，也彻底地消除了改变我们思想的可能性。"阐释人类学的代表人物格尔茨（Clifford Greetz）写过这样一段话。这段话恰恰说明了人类学的魅力所在，也构成了我自己钟爱人类学的深层动因。对于奔走于田野的人类学者，他们对于行走有一种偏爱，对于陌生的人、新奇的事物、异域的场景都有一种痴迷。

人类学虽然强于理论建构，却不曾离开过历史的传统，即使是最初的进化论、传播学派，也都在用历时性的视角探讨文化变迁。无论是历史学，还是人类学，我们都是在进入他者；或许我们不曾离开过自己搭建的世界而真正进入他们的时空里。但田野工作可以暂时地忘却自我，不断提示这个世界仅仅只是我们的认知和投射而已，这种历史人类学的行走，至少不至于让自己在这个如微尘般的生命中太过迷失。

第九届的研修班圆满结束了，在离别的侗歌声中，不止我一个人流下了眼泪，我想那一刻我们的心都找到了某种安宁与归属，而这不正是我们一生都在寻求的吗？内心的独行是世间最静默孤独的事；但我的心从未空荡过，怀揣着某种执着，跟随着漂泊中的永恒。

（钱晶晶，云南民族大学文学与传媒学院讲师，第九届学员）

◎ 黎平怀古

胡小安

在侗乡中过了几天神仙日子后，2011 年 8 月 16 日我们第九届历史人类学高级研修班的师生来到黎平县城。我虽然是第一次来这座城，但对它的名字却非常熟悉：早在中学时代，就知道中共党史上有名的黎平会议，自己念本科和硕士期间都认识黎平籍的同学；我印象最深的是以前做桂林研究的时候，接触到的史料，就有不少提到黎平，尤其清代湘桂黔边的苗人做款[①]时，总说到黎平是他们大款所在地，让我牢牢记在心里。从这里往东南一百余里，就是湖南历史上有名的苗侗之乡靖州，我的家乡湖南城步苗族自治县则离靖

---

① 一般认为，款组织是以血缘关系为基础，以地缘关系为纽带的具有自治、自卫性质的民间组织，有小款、中款、大款、联合大款四个层面，多存在于湘黔桂交界地区的苗族侗族社会之中。参见廖君湘：《侗族传统社会过程与社会生活》，93~95 页，北京，民族出版社，2005。

黎平怀古

285

州不远。所以这里的山川地貌、气候物产、民风民俗，与我家乡非常相似，给我很大亲切感。

我们仅仅花一个中午的时间参观历史丰厚的黎平城，自然只能是浮光掠影。即使如此，这一切给我的感受还是非常深。黎平县政府这些年打出的地方品牌有三个：自然风光、侗族风情、红色文化。第一点且不用说，后两点则值得深入研究。

黎平据说是中国侗族人口聚居最多的县和侗族文化中心腹地。但侗族风情基本上被化约为鼓楼、花桥、侗族大歌，再加上所谓侗戏、酸鱼酸肉——黎平本地叫腌（当地读àn）鱼腌肉——等"侗不离酸"的特色食品。其实侗族的文化丰富得很，比如，其"侗款"的问题就不知要费我们多少精力去研究呢——我们一行人当中就有研究此课题的，个中艰辛难以数语道明；又比如"侗不离酸"的标签也很难真正贴给他们，因为方圆数百上千里地方，环境相似，物产相近，"不离酸"的族群多的是，我的老家就是如此，很难说应将发明权或主用者归给谁。饮食、服饰之类其实很难作为族群分类的文化依据，一般情况下可以是无族群界限的，只在某些特别需要的时候，往往被挖掘与塑造出来，就像黎平搞旅游这样。一般的人当然并不觉得有必要去探究更深更复杂的背后，只要有这些文化标签与实际效用就足够了。久而久之，连侗族人自己说得出来的文化标签也就是这么一些了。这或许就是历史记忆的必然？

值得提起的是，在黎平乡下居住的那些天，我们跑了具有民族语特色地名的茅贡、坝寨、同腊、孟彦等乡和村，走在花桥上看彩画，坐在鼓楼里听故事，在生态博物馆里赏侗歌，在非物质文化遗产传承人家中做访谈，在旧房子里翻旧谱，在小店子里买小吃，在参天老树下纳凉风，在古井泉边看蝴蝶。体验过"喜看稻菽千重浪，遍地行人夹纸烟"（赵世瑜师戏语）的情景；看到过清澈的小河里，有人"游的不是泳，是寂寞"（谢湜兄戏语），这一切让我们切实感受到了自然风光和侗族风情的魅力。有一次考察侗寨，当地人都说以前有苗人在此，后来苗人迁走了，只剩下侗族。返程走在茫茫群山之下，赵老师指着那些寨子问我们，侗人（苗人）何在？他的意思，大概是要告诫我们，不要把今天的侗族等同于历史上的侗人或者苗人，说"苗人"迁走了，也可能是一个说辞，实际上可能是"变成了"侗族。我今天在做"宋以来湘桂黔毗邻地区的族群建构和国家认同研究"的国家课题时，发现这一区域很多今天被标签为"侗族"或者"苗族"的人其实早就共享着同样的语言、风俗和社会组织，并相互通婚，其中有着复杂的历史过程。这令我无比怀念当年黎平考察的感受和收获。

红色文化因为既可推动旅游，又是平时对群众尤其是中小学生进行思想教育的资源，自然被地方政府大力推介。我们最先参观了前两年刚落成的红军长征纪念馆，有老师说到

黎平会议纪念馆

中国共产党为什么会最终打败国民党，原因之一是中国共产党善于做调查。这句话令我感触深刻，引起共鸣。稍后我们来到黎平古城翘街，参观黎平会议会址。翘街又称东门街，据说始建于明洪武十八年（1385），东起城垣东门，南至二郎坡荷花塘，全长一公里余，此街两头高，中间低，形状如翘起的扁担，因此得名"翘街"。翘街两旁有不少明清建筑，飞檐翘角，古香古色，好不迷人！清朝至民国时期，翘街成为黎平的商业贸易中心，至今仍然店铺林立，非常热闹。1934 年 12 月 14 日，长征中的中央红军进入黎平，进驻翘街，指挥部设于胡荣顺商号；12 月 18 日，中央政治局在此召开会议，史称"黎平会议"。

黎平会议后来被赋予很重要的地位，据说原因是会议改变了红军的战略方向，即由湘西改为敌人力量薄弱的贵州，并且结束了毛泽东长期在中央受排斥的状况，从而为遵义会议确立他的实际领导核心地位奠定了基础。说者并以胡锦涛同志任贵州省委书记时，在1986年黎平会议学术讨论会上的讲话加强权威性。会址先后成为贵州省级文物保护单位和全国重点文物保护单位，自然理所当然。今天的黎平会议会址附近，有红军文化广场、长征纪念馆、中央红军教导师住址、红军干部休养连住址、毛泽东住址等红色文化资源，颇成规模，成了"爱国主义教育基地"。

　　黎平会议通过了《关于在川黔边建立新根据地的决定》（以下简称《决定》）。我最感兴趣的是，《决定》认为建立"新的根据地区应该是川黔边地区，在最初应以遵义为中心之地区，在不利的条件下应该转移至遵义西北地区。但政治局认为深入黔西、黔西南及云南地区对我们是不利的"这一段文字。

　　我们如何理解会议的这一决定？为何红军当时在黎平这个地方做出如此决定？是否做过深入调查？

　　黎平会议的决定与影响，有些被夸大了。其实原因并不复杂，红军长征的路线需要随时根据实际情况变化。但红军当时考虑以遵义为中心建立川黔边根据地，我认为仍然是基于在中央苏区的经验：这里是敌人统治薄弱区域——贵州比起湖南和广西来，兵弱官少，地理复杂，国民党鞭长莫及；更重要的是这里的民情民风、自然环境、物产饮食，与江西都非常相似。再往西，就是西南少数民族聚居区，族群众多，风俗各异，土司强大，红军当时并无经验对付这种局面，所以一再强调不能往黔西、黔西南以及云南方向发展根据地。一种比较熟悉的环境对当时的红军来说至关重要。没有更多的史料说明红军在做此决议之前做过何种专门的社会调查，但红军长征一路由江西、湖南、贵州走过来，见过听过不少关于少数民族的事情，对于从没有如此集中地遇上如此众多族群的红军来说，估计会感觉处理少数民族问题并不容易，至少不是当时能够妥善应付的，因此《决定》的核心之一是防止向更西南方向走。从这个意义上说，红军高层有过一定调查和思考，不过应该是基于经验与感性认识的多。当然随着后来的形势变化，该《决定》所制定的目标没有成功，这是后话。

地名保留了明代卫所的记忆

看来只有在当地了解发生在当地的历史，才会有更深的体会。

黎平在明初设置过卫所，永乐年间改为府城。据说由唐代王昌龄建龙标书院起，黎平有过九大书院。但我们今天只能看到府学的遗址，现在是一个舞蹈培训中心，没有更多的史迹保留下来；卫所的遗迹则还有"左所坡"一类街道名称，另有马家巷、姚家巷、张家巷街巷，听起来有点像不同时期汉人的聚居区，没做调研，不敢妄断。但是我们外人知晓今天的黎平，这些符号几乎被视而不见。所以当地县志办石主任一再感慨黎平对丰富的汉文化历史研究和宣传的不给力。

感慨归感慨，从历史记忆和被叙述的角度看，今天谈黎平的历史与文化，确实只有侗族文化和长征历史被不断叙述和植入人们的记忆。这种结果，是基于国家历史的大叙事和地方经济发展的需要，特别记住某些东西，淡化另一些东西，一点也不奇怪。那些不被主流提及的历史其实同时也在被另一些人继续记忆，只不过没有凸显出来而已，等到哪天有别的需要了，则又会被发掘出来和重新叙述。历史、现实与历史叙述就是在这种不断博弈的场域中发生着。

那天傍晚我们由喧闹而酷热的城里又回到清凉的乡村。可能烈日和凉风照顾我太猛，使我一下子适应不了，当晚我就病倒了，一连两天寝食不安，毫无精神。我很快得到师友的极大关心——同学给我端粥，美宝老师赠药，使我第三天完全康复。这于我个人生命史是值得记忆的事件。

（胡小安，广西民族大学民族学与社会学学院教授，第九届学员）

◎ 探访 "Zomia"

龙　圣

　　2011 年夏，我正在香港中文大学参加"内地及台湾研究生暑期研究体验计划"①（以下简称"暑期计划"），当时香港有不少学术会议在讨论耶鲁大学詹姆斯·斯科特（James C. Scott）教授关于东南亚高地"赞米亚（Zomia）"的研究:《逃避统治的艺术: 东南亚高地的无政府主义历史》。该书虽在书名中以东南亚高地作为其研究对象，但实际上还包括了中国贵州、广西、云南全部以及四川一部分的高地，由于我的博士论文以明清川西南一带作为研究区域，正好属

---

① 　"内地及台湾研究生暑期研究体验计划"始于 2010 年，由香港中文大学举办，每年从中国内地及台湾的高校和科研机构选拔数十名硕博士研究生于暑期前往香港中文大学学习、生活。承蒙科大卫教授的关照，2010、2011 年我在北京师范大学读博期间先后两次参加了这一暑期活动。

于斯科特高地研究所讨论的范围，因而也非常关注其著作。在暑期计划期间，我便从中文大学图书馆借到了这本书，开始认真学习并与从中山大学一同来港受训的覃延佳、侯娟两位同学就书中内容进行讨论。没想到的是，暑期计划尚未结束，我就收到业师赵世瑜教授的邮件，说第九届历史人类学高级研修班即将在贵州举办，主题便是围绕斯科特的高地研究展开田野调查和学术研讨，让我抓紧时间报名参加。就这样，我竟机缘巧合地成了第九届研修班的学员。

此届研修班由中山大学历史人类学研究中心、香港大学香港人文社会研究所、北京大学历史系、香港中文大学历史系和厦门大学民间历史文献研究中心合作主办，为期十一天（8月13日至23日），地点为黔东南苗族侗族自治州的黎平、锦屏二县。其主题是"反思赞米亚：在中国西南地区的观察"，希望通过田野调查、研读文献、专题讲座、主题报告，开展密集研讨，引发深度的争论和思考，拓展参与者的视野，提出新问题，获取新启发。与此前几届研修班相比，此届的规模较小，师生一共才二十五人[1]，包括耶鲁大学萧凤霞，北京大学赵世瑜，北京师范大学龙圣，复旦大学黄忠鑫，上海交通大学任玉雪，厦门大学张侃、朱晴晴，中山大

---

[1] 此前我参加过 2008 年第六届研修班，当时老师加上学员有七十人左右，田野考察过程中租用了两辆大型客车，而此届仅二十五人，人数上有很大的缩减。

学刘志伟、程美宝、张应强、温春来、吴滔、谢湜、于薇、何良俊、王彦芸、孙旭、卢树鑫，广州中医药大学邓刚，香港大学李纪、严丽君，香港中文大学石颖，广西民族大学唐晓涛、胡小安，云南民族大学钱晶晶。其中既有授课老师，也有在读学生，还有的则兼具老师和学生的双重身份。

当时黎平只有通往广州的一条航线，因而我们一行大部分人选择先到广州，再飞往黎平。我因为在香港参加暑期计划，离广州近，所以也选择了这条路线。暑期计划的最后一天是8月12日，中午结业典礼完毕，我便从香港赶往广州，下午到达后入住中山大学校内的宾馆，同住的还有复旦大学博士生黄忠鑫。

第二天（8月13日）下午两点半，大部队从广州白云机场起飞，经过一个半小时的飞行，于下午四点半到达黎平机场。此后，一辆中巴车载着我们赶往此次研究班的第一站——地扪。驶离机场后，一路上大多是蜿蜒曲折的山路，周边景物高低错落地分布着，中巴车顺着山势缓缓前行，真有些赞米亚的感觉了。

我们到达地扪已是晚上六点多，住地扪生态博物馆经营的宾馆里。地扪，是黎平县茅贡乡的一个侗族寨落，在侗语中为"原生地"的意思。它由围寨、模寨、芒寨、母寨和寅寨五个小寨组成。据博物馆任和昕馆长介绍，地扪最古老的是母寨，后来有一只母鹅游过小溪，到对岸树林里生了蛋并

地扪侗寨

孵出小鹅来。母寨的人得知后认为这是块风水宝地，能护佑
子孙兴旺，于是部分人搬到对岸居住，后来才慢慢发展出另
外四个寨子，并将它们取名为"地扪"，寓意人丁兴旺。地
扪四面环山，中间有一条自西向东流淌的小溪穿过，将其分
为南北两个片区，北边的是母寨、寅寨，南边的是围寨、模
寨和芒寨。这种地形在文献中称作"溪峒"，是贵州"赞米
亚"高地常见的地形之一。

接下来的几天时间，我们一直住在地扪。头三天的主
要活动有专题讲座、田野考察和文献阅读。14 日上午，刘

地扪博物馆内的课堂（胡小安摄）

志伟教授主持了简单的开班仪式，紧接着萧凤霞教授作了题为"历史人类学与詹姆斯·斯科特"（Engaging James Scott in Historical Anthropology）的专题讲座，为师生了解斯科特教授的研究背景奠定基础；下午，我们考察了地扪及其附近的登琴寨。晚上，大家待在博物馆阅读文献。为便于了解西南高地研究并与华南等地历史人类学研究进行比较和讨论，主办方搜集了大量文献资料供大家阅读学习，包括斯科特的四部英文专著《弱者的武器：农民反抗的日常形式》《统治与抵抗的艺术：隐藏的文本》《国家的视角：那些试图改善人类状况的项目是如何失败的》《逃避统治的艺术：东

田野中（刘志伟摄）

南亚高地的无政府主义历史》，萧凤霞围绕珠江三角洲地区展开的若干研究，郝瑞（Stevan Harrell）、赫尔曼（John E. Herman）、温春来、张应强、连瑞枝、梁聪等人的西南研究论著，庄雅仲、程美宝、何翠萍等人对赞米亚研究的评论文章，以及三十余部有关明清、民国时期贵州的史料文献 ①。15 日上午，我们考察了腊洞寨、樟洞寨；下午，温春来教授以"民国时期西南民族研究之旨趣"为题，做了专题报告。晚上，我们则继续阅读文献。16 日白天全部为考察，上午去了附近的坝寨，下午去了黎平古城，晚上大家仍旧回到地扪阅读文献。

通过头三天的讲座、考察和文献阅读，大家对相关研究和当地的自然及历史情况有了更多的了解，接下来两天便主要是学员的主题报告和集中讨论。17 日上午，石颖、任玉雪各做了一场报告，题目分别是"北宋以来帝国边略与泸叙地区的族群关系""清代东北地方行政制度研究"；下午是龙圣、黄忠鑫进行主题报告，题目分别为"土司、县官与帝国边县：以清代四川冕宁县为中心""明清时期县以下区划的讨论——以徽州都图里甲为中心"；晚上仍旧集中阅读文献。18 日，上午考察高近寨，下午和晚上则安排了三场主题报告：下午是胡小安的"桂林府的开发与族群"及唐晓涛

---

① 限于篇幅，以上论著恕不一一注明。

的"浔州府的开发与族群"，晚上是卢树鑫的"从清水江文书的书写程式看文字在黔东南地区的运用"。

在地扪学习期间，当地及其附近的侗族村寨给我留下了深刻的印象，大部分的村寨建筑极具民族特色，包括雍容华丽的风雨桥，层层叠叠的鼓楼以及建造精巧的民居，等等。当地人的淳朴好客、社会的和谐有序也让人难以忘怀。记得刚到地扪时，我们就发现每个房间都没有锁，因为当地乡规民约严格，社会治安良好，少有偷盗的现象，这使得我们颇有些惊讶。此外，在地扪我们还领略到了优美动听的侗族大歌，那声音、旋律就好比天籁一般，久久缠绕着你，挥之不去。

19 日上午我们从地扪出发，经黎平前往锦屏的隆里古城，居住两日。到达隆里入住时已是当天中午，经过简单休息，下午张应强教授为大家介绍了贵州清水江流域与都柳江流域的自然及社会历史情况，然后考察隆里古城，晚上大家则继续在城内阅读文献。20 日，上午考察王家榜寨、中林寨，下午及晚上是有关都柳江流域的三场主题报告："跨区域的商业网络与都柳江下游的人群互动""都柳江中游的商业移民与地方社会建构""都柳江流域侗族的款组织"，报告人分别为何良俊、王彦芸、孙旭。

21 日上午，从隆里出发前往锦屏县茅坪镇进行考察，然后继续向东至天柱县的三门塘村，到达时已近中午。三门塘是清水江流域的一处木材集散地，也是钱晶晶博士论文的

隆里合影（胡小安摄）

在三门塘听讲（胡小安摄）

田野点，调查期间她拜了村里的一对夫妇为干亲，并积极参与村落修建等活动，获得村民高度认可，从而也成了该村的一分子。听说钱晶晶要带客人（指我们）回家看看，村民们都很高兴，聚集在村口举行了热烈的欢迎仪式。午饭过后，钱晶晶身着民族服装，带领大家对三门塘进行了仔细的考察。下午，我们回到锦屏县城，入住烟草宾馆，听取钱晶晶的主题报告"三门塘的村落空间与历史记忆"。晚上，大家又继续阅读文献。

第二天（22日）上午，我们从锦屏出发，考察了几个小江流域的村寨①，下午在宾馆举行了两场主题报告，一是朱晴晴的"小江流域侗族聚落群的汉人群体"，一是邓刚的"三锹人与清水江流域的山地开发"。从当天晚上开始，大家聚集在一起对这些天听讲座、跑田野、读文献的情况进行总结、讨论。

23 日是此次研修班的最后一天，上午大家继续在宾馆讨论，十一点从锦屏出发往黎平机场方向行驶，中途考察了位于两县交界处的亮司寨，下午从黎平机场返回广州，整个研修班的行程结束。

此次研修班不论从人数还是时间上来说，都不如以前几届，但对我而言，收获却不小。2008 年，我第一次参加研修班（第六届），理论课在广州，田野点却在福建，所讲理论与田野经验间的联系并不是那么紧密，难以通过相应的田野活动去观察或者反思某一主题鲜明的研究。此届研修班有所不同，其讨论的主题十分明确，而且田野点即在讨论主题所涵盖的范围之内，不论是老师所讲还是田野见闻都紧紧围绕着"赞米亚"展开，如此可以更好地帮助我们去理解和思考学界对于高地社会的研究。先前在图书馆读到的那些知识

---

① 小江发源于镇远县金堡乡，向东南流经三穗县城，继续向东南流淌，于锦屏县城汇入清水江。

也变得鲜活起来，由此加深了对"赞米亚"的理解和认识。比如，通过此次研修班，我对高地人群的组织和权力结构、高地的文字历史、高地与平地政权的关系等方面都有了进一步的思考。

此外，在这次研究班上我还有一个重要的收获，即逐渐明白了历史人类学的研究旨趣。虽然在此次研修班之前，我也曾有幸参加过一些历史人类学的学术活动，但对它的理解却并不深刻，似乎有所感悟却又不能简单而明白地讲出它的旨趣和方法。通过此次研修班的学习，我对此有了更为清晰的认识。有个情景印象特别深刻，即在三门塘考察时刘志伟老师讲到钱晶晶的研究，他说三门塘的村落格局就像一只船，不同的部分由不同姓氏的人群居住，其形成是一个历史的过程。如果说人类学家善于对空间结构加以把握，历史学家长于对时间进行处理，那么历史人类学研究者的兴趣和目的则在于通过空间来表达时间。他认为钱晶晶的博士论文就是一个很好的历史人类学研究的例子。[①] 在具体的田野考察过程中，通过这样鲜活的讲授，我对历史人类学的认识也就更为清晰了，那种感觉单从书本上是无法完全获得的，再回想起之前所读到的刘志伟老师以及萧凤霞老师所讲的历史人类学

---

① 见钱晶晶：《历史的镜像：三门塘村落的空间、权力与记忆》，博士学位论文，中山大学，2010。该论文已于2019年由社会科学文献出版社出版。

的重要概念"结构过程"（structuring）^①，也就感到特别亲切了。当然，有了这些学习经历，对于后来老师们所总结的一些历史人类学的研究方法和理念，比如"逆推顺述""在空间中理解时间"^②等等，也就更加容易理解了。

（龙圣，山东大学儒学高等研究院副教授，第六届、第九届学员）

① 见刘志伟：《地域社会与文化的结构过程——珠江三角洲研究的历史学与人类学对话》，载《历史研究》，2003（1）；［美］萧凤霞：《廿载华南研究之旅》，程美宝译，见清华大学社会学系主编：《清华社会学评论》（2001年第1期），181~190页，北京，中国友谊出版公司，2001。
② 见赵世瑜：《结构过程·礼仪标识·逆推顺述——中国历史人类学研究的三个概念》，载《清华大学学报（哲学社会科学版）》，2018（1）；赵世瑜：《在空间中理解时间：从区域社会史到历史人类学》，北京，北京大学出版社，2017。

南

岭

◎ 关于南岭研修班的记忆

于　薇

　　2012年历史人类学高级研修班，从当年的8月3日开始，到13日结束。活动主要在湖南省郴州市的宜章县、永州市的江永县和蓝山县举行，最远跑到广西的灌阳县，转场途中还经过了永州的宁远县和道县，结束时经桂林返程。十天里，研修班师生二十八人，自东向西，随犬牙差互的南岭山势行进，从花岗岩地貌区跑到石灰岩地貌区，一口气横穿了南岭的中部地区。

　　那次研修班由吴滔、谢湜和我组织。吴滔全职负责学术，我全职负责后勤，谢湜则两边都要兼顾。实话讲，杂事太多，心思没法完全放在学生和学术上，所以，比起我自己做学生在万载班时与同学们的熟识，这次对周围面孔的记忆要模糊许多。查找到当时的文件才能确认，研修班有导师十一人，

湖南道县月岩

广西灌阳月岭村

学员十七人。其中导师是赵世瑜、萧凤霞、科大卫、刘志伟、郑振满、徐泓、王芝芝、余国良几位老师，还有吴滔、谢湜和我。学员包括当时在台湾暨南大学的江丰兆，在湖南商学院的刘秀丽，在上海社会科学院的张友庭，在复旦大学的李甜、胡列箭，在广西民族博物馆的黄瑜，在中国人民大学的余燕飞，在莫斯科大学的姚望，在荷兰莱顿大学的黄菲，在北京大学的顾韬，在南开大学的徐枫，在香港大学的罗家辉，还有当时中山大学的在校生陈敬胜、毛帅、郭广辉、张凯、郭润绿。

8月正值酷暑，宜章、江永、蓝山都是山间盆地，几乎

湖南蓝山所城村

全像大锅一样陷在山里，热风一吹，笼屉似的蒸。印象中老师们整天出汗，就像从水里捞出来似的。不过，从2009年第一次在江西万载参加研修班开始，后面的清水江，再到南岭，我经历的每次研修班都是在暑假期间，热是常态。在我的记忆里，很多影像是叠加的，脑子里老师们汗流浃背穿梭田野的样子，已经搞不清楚是在哪个班、哪个地方。想来这十二年的历史人类学高级研修班，将近三百位的学员，大家对老师们被汗水浸透背影场景的记忆，也都和我差不多吧。

2012年的研修班，在宜章南部的时间最长，田野调查和大组讨论也是在那里安排得最密集。宜章南部是骑田岭与莽山之间的一片盆地，其间有乐水河由莽山发源，自西南向东北横贯整个盆地，在东临的广东乐昌坪石汇入北江的上游武水。在盆地中部，大致沿乐水河流向有一条东西展开的交通干线，这条路上自西向东基本等距离分布有黄沙堡、笆篱堡、栗源堡三个明代军堡遗址。遗址保存情况不错，周围的村落里也有比较丰富的民间文献。在盆地的南部边缘，是湖南与广东的界山——莽山。莽山山体高大，山内有一个瑶族自治乡，其中跳石子、道洞两个高海拔山坳中的小村，有不少瑶族老人家居住。当时研修班在宜章田野调查的重头，就安排在三堡及周边村落和莽山瑶族乡的这两个村。

在那时，吴滔、谢湜和我开始南岭调查才不过一年多时间，获取的田野文献不多，研究还基本处于复制老师们在其

本届研修班师生在宜章黄沙堡合影

他区域提问和分析方式的阶段，我们自己从南岭材料中提炼的问题、得出的认识还十分有限。所以，当时编写的读本、组织的材料，现在看起来都比较肤浅。但也正因如此，与之前几届在田野工作十分深入、具体问题研究很清楚的田野点举办的研修班相比，南岭班的学术成果，可能更直接、更强烈地影响了后来这个区域的研究。我们相当于同老师们一起探索一片新区域，一路上老师们的点拨，让我们的南岭研究从一开头就能有机会触及关键。

就是在那次研修班期间，赵世瑜老师点拨过我两句话。这两句话，一直到现在，每次我再去南岭都会想起，每次讨论南岭的问题时也都会记起。一句是，南岭中段的研究，要看大的特征，骑田岭—萌渚岭—都庞岭一线，东侧在明代有南赣巡抚，西侧则设置有大量的土司，而中间这一片，是没有巡抚也没有土司的地方，想区域问题，最后要能落到这样的基本层面，不能琐碎。另一句是，宜章南部的研究，乐水河是关键，应该沿乐水河仔仔细细展开聚落调查，摸清楚乐水河流域明清发展的情况。

这两句话当时到底是在哪里说的呢？也许是在暑气蒸腾的祠堂里，也许是在左旋右转的盘山路上，也许是在晚间冥思苦想的讨论中，总之除了挥之不去的累和热的感觉，具体场景都已经忘掉了，但这些话的内容绝对不会忘。2012 年以后，吴滔、谢湜和我带着学生又在南岭进行了将近二十次田野调查，把研究的主题逐渐凝练为卫所、族群、市场，虽然形成的具体认识还远没到可以打通、整合、提炼至赵老师当年这两句话所谈及的深度，但内在目标很重要的部分就是争取解决当时老师给我们点出的问题。我们一直知道，早在当年，老师们已经在南岭山间给我们指出了关键，我们要不断努力去理解和靠近。

　　我在北方平原长大，在开始南岭研究之前，这片横亘长江与珠江之间的大山，在我的想象中丛林蔽日、谷壑纵横、溪泉漫流、烟瘴横生，是神秘又危险的地方。其后年复一年的考察，早将这种幼稚幻象擦除，现在甚至有时会忘记这里是山区，更丝毫不会觉得有什么来自大自然的危险。但那年研修班的一件事，却让我想起时就会感慨，这大山啊，还是不容怠慢。当时是 8 月 5 日，那天一整天都安排在莽山乡的住处报告、研讨。前一天晚上，下过一场暴雨。山里夏天的雨是寻常事，来得快去得也快，大家都没在意。上午的讨论热热闹闹，到快吃中午饭的时候，谢湜皱着眉头来找我，拉我出去商量，说刚才打电话给原本预定了午餐的瑶族餐厅，老板说昨晚下大雨时山里溪流暴涨，把通往餐厅的木桥冲断了。真是意外。莽山乡在莽山主峰西侧的一条山涧里，涧中一条溪水，就是长乐水的上源。我们的住处与瑶族餐厅分别在溪水的两侧，由木桥相连。由于在主峰上水源处拦了坝，餐厅门前那一段溪平时几乎是干的，河槽的大石头都裸露在外面，甚至不走木桥也能到对面。可当那天我跟谢湜去查看时，厚厚的泥沙覆盖着平时干净的大石头，大石头间有好几条小水流湍急地冲下去，断了的木桥斜挂在河槽上，显然是小型山洪致灾后的样子，还真有点可怕。没办法，当天的午饭只能临时改换地点。

洪水垮桥事件，可能除了要安排午餐的谢湜和我，其他老师同学都没太深刻的印象。想想也觉得很幸运，能够成为一次历史人类学高级研修班的组织者，可以获得与做学员时不同的经历和体验。其实，每当回忆南岭班时，我印象最深的是准备期间的踩点行程。那是当年5月间，为了设计路线、安排田野点，吴滔、谢湜、我还有余国良老师一起进山踩点。行程总共三天。那其实是我们第一次在南岭中部进行连续的东西向穿行，建立了我们对南岭内部是由盆地组成的宽广地带的初步认知。在那次工作中，我们第一次发现了江永清溪民间文书，第一次看到了蓝山塔下寺碑刻群，这两组材料，不仅成为研修班的资料，更分别成为吴滔、谢湜后来进行南岭研究的重要史料。这次踩点，我第一次在潇水上游的花江渡口上船，与竹竿、农具和农用车一起，在翠碧的山间慢慢随流水渡江，看着挂在崖壁上的吊脚楼和颤巍巍的小吊桥慢慢向后退去。在崎岖曲折的山路上，我们也曾因为负责导航的谢湜打瞌睡，司机开车误入九嶷山林场深处，看到了公路被青苔漫上、竹林茂盛到遮天蔽日的奇观。如今，我们已经十分熟悉九嶷山周边的路网，而涔天河水库工程升级，花江渡口、吊脚楼、吊桥都已淹没在水下，竹影婆娑的九嶷山、晨雾缭绕的花江，都只能成为与研修班锁定在一起的记忆了。

人人都有仗剑走天涯的梦想，那些远方的山川风物，时时激荡人心。但高山深岭，若没有朋友结伴同行，怕终难有这走进远方又让远方走进心中的际遇。在我看来，历史人类学高级研修班，就是找朋友、找梦想的学园。是几位老师创造了它。老师们的努力，让我们与学术伙伴相遇；老师们的教诲，让我们有共同的理念可以相知。我们当中的很多人，曾经是学员，后来成为导师；曾经是参与者，后来成为组织者。老师们的想法和智慧，我们有机会学，也有机会用。我们实为幸运者，也诚为幸福者。感谢我的伙伴，感谢最敬爱的老师们！

（于薇，中山大学历史学系副教授，第十届田野导师）

◎ 军屯与瑶村

湘南田野纪行感悟

黄　瑜

　　2012 年夏，我即将踏入中山大学历史学系，攻读历史
人类学方向的博士研究生，也借由这一身份，获得参加当年
暑假举办的历史人类学高级研修班"卫所·族群·市场：明
清帝国在南岭地区的拓展"的机会，随着中国历史人类学领
域的先行者们，前往湖南宜章等地开展田野调查。这一年选
择宜章作为主要田野点，是因为宜章地处湖南南部卫所设置
与瑶民村寨交替措置的地带，寨堡军屯与四周村寨的关系变
迁充分体现了明清卫所设置与族群区分的历史嬗变过程。而
作为南岭丘陵山地的自然地貌，宜章与其毗邻的蓝山、江永、
灌阳、恭城等地，也成为南岭山脉界分湖南南部与广西东北
部的天然屏障，但从人群迁移路径的视角来看，这里也是沟
通南岭南北两侧移动人群的走廊，因此费孝通先生称其为"南

岭民族走廊"。刘志伟老师在"南岭历史地理研究"丛书总序《天地所以隔内外》一文中对"南岭"的历史地理意义有着精彩的论述[1]，我在此不再赘言，只想借由对当年历史人类学高级研修班的回忆，谈谈这次重要的田野经历对我后来的区域史研究视角与思索的若干深刻影响。

一到中山大学历史人类学研究中心报到，我就立刻领到了一本厚厚的田野文献读本和一个装着湖南地方志资料、卫所军户研究、施坚雅（G. Winiam Skinner）市场理论和瑶族调查资料的U盘，组织者在田野调查前相关文献和研究资料的准备上可谓尽心尽力。至今回忆，我仍然觉得惭愧，虽然每天都在车上或者空闲时候抓紧时间浏览文献材料，但是仍然有很多材料来不及阅读和消化，尤其是关于卫所军户的研究和施坚雅市场理论，都是后来花了许多时间细致阅读才了解了其中的理论脉络。这种在进入田野点之前，大量搜集和阅读相关研究对象的文献和研究资料，真是对我后来的田野调查帮助很大。不但通过搜集和阅读工作，逐步建立起对田野对象的"历史"印象，还为进出"历史现场"之后，"历史"与"现实"的碰撞制造了机会，否则很多"过去"与"现在"的过程联系就很难建立起来。陈春声老师曾把我们的田

---

[1]　刘志伟：《天地所以隔内外》，见吴滔、谢湜、于薇主编：《南岭历史地理研究》（第一辑），Ⅰ～ⅩⅩⅢ页，广州，广东人民出版社，2016。

野调查方式称为"回到历史现场",但如果没有前期对相关历史文献和研究资料的阅读,或许我们进入了"现场",却不一定能感知到"历史"。当然,"历史"不仅仅是文献资料赋予的,但是不通过阅读相关文献资料来获取"历史信息",恐怕很容易把田野调查变成"没有历史的现场"。此外,相关理论研究的阅读也必不可少,由于此次涉及市场主题,并且此次活动邀请到耶鲁大学的萧凤霞老师为我们讲解其对施坚雅理论的理解与思考,因此对施坚雅市场理论的阅读必不可少。

此次田野考察的重点是宜章三堡,即黄沙堡、笆篱堡、栗源堡,乃明代初期为防御"瑶变",在郴州宜章县西南靠近莽山地界,依次设立的三个军事堡垒。从地理位置上看,三堡均处于地形要道的关隘之处,自西向东连成一线,将所谓民瑶杂处的莽山乡民隔阻在入湘的通道之中。而与莽山相连的广东连州、阳山、乳源、乐昌等地,更是明代粤北瑶人聚居的大本营。由此可见作为军事卫所的三堡,在湘南军事防御体系当中地位之重要。

黄沙堡是我们此次湘南之行的第一站。第一次接触卫所的我对它充满期待,因为据说其卫所形制规整,而且堡内建筑遗迹目前相对保存较好,能够窥见明代卫所之风貌。万历《郴州志》对黄沙堡的描述如下:"黄沙堡在县西九十里,岁宜章所千百户领军一百九十名戍守"①，寥寥数语而已。之后历代编撰的《郴州志》和《宜章县志》也多记兵制、人员的变化，却无多少关于堡城本身的描述。幸有嘉庆《宜章县志》载有"黄沙堡图"，能让我们与今日堡城之面貌进行跨时空的比照。从清人的手绘堡图来看，嘉庆年间的黄沙堡城呈圆形，有朝天门（北）、东门、镇南门（南）三面城门。朝天门向北，门外道路朝宜章县城方向，东门外有练兵用的校场，并有道路向东可至笆篱堡。镇南门外有容水流过，门外有驿道通向河岸，过桥之后，一条道路向西至临武县，另一条道路向南可通粤。②

　　黄沙堡如今的行政名称叫"堡城"，隶属于宜章县的黄沙镇。我们从郴州西下高铁之后，乘车到宜章县至黄沙镇，最后到达堡城。远远看到六七米高青灰色的墙面，下面两层是大块石头垒起的城基，上面是小块石砖垒砌而成，墙头早已是藤蔓萦绕，距离城墙二三米远就是一幢幢当地村民红砖黑瓦的现代房舍。

　　我们沿着城墙走了一段，就到了朝天门，城门依旧保持完好，粗粝的石块层层垒砌，古朴而沧桑。几个老人倚靠在

---

① 万历《郴州志》卷之七，14页，《天一阁藏明代方志选刊》本，上海，上海古籍书店，1962。
② 嘉庆《宜章县志》卷之一，3页，《稀见中国地方志汇刊》本，北京，中国书店，2007。

城门内光滑的条石上乘凉，对面就立着一块一人高的石碑，字迹依然清晰可见，静静地向世人述说着三百年多前，明清鼎革之际，如黄沙堡一类的军事卫所内部，经历了怎样的震动与变革。沿着荒颓的城墙走了一圈，发现很多石碑或立于城门一隅，或嵌在城墙一侧，或散落在一些房舍的断壁颓垣之间。只要一见到这些残存的石碑，科大卫老师就连忙奔过去，在碑前细细研读起来，除了仔细拍照之外，还不时地现场抄录，并拿出厚重的阅读材料中的碑刻资料进行比照，订正其中的错误。在炎炎烈日之下，反而是我们这些年轻的学员们，很多人两手空空，即使看到碑刻也只是跟着老师看看或者模仿着拍照，当场就拿出笔来抄录的并没有几人。

郑振满老师在展示现场读碑技巧

后来看到郑振满、刘志伟诸位老师都在现场很认真地识读和比照碑刻，学员们也渐渐感受到了现场抄读碑刻的乐趣。一方面当场阅读和抄写碑刻，能够对碑文内容有更为准确的识读，很多照片拍摄的碑刻字迹远远没有现场阅读和抄录来得准确，而

宜章黄沙堡读碑

关键字词的错漏更会使得后期整理碑刻时倍感困难。另一方面，现场读碑能够将碑刻所在的地点与周围环境结合起来考虑，很多碑刻如果不是在现场阅读，那么立碑的环境很可能就被忽视掉了，对碑刻竖立意义的理解就会大打折扣。如康熙四十年（1701）的"奉院司道宪禁革碑"立于朝天门洞内，碑文讲述了宜章三堡的屯丁周、谭、欧等姓堡民控告驻防官兵违例勒索，强派巡边用夫、定更放炮、走递公文、采买米谷、榨户油麻等杂差，官府对此加以禁革，立碑为示。此次争端历时多年，经堡民层层上控才终获裁革。而朝天门外道路通向宜章县城方向，正是县城官兵进出堡城之门，堡民将这块禁革碑立于门洞之内，几百年来悉心保护，至今字迹清晰且碑体完整，显示出清代卫所归并州县之后，堡民由"军户"到"民户"身份的转变，立碑成为其赋役负担和地方社会关系重新定位的见证。

可见，碑刻承载的不仅仅是文字本身，石碑作为一个有意为之的"标志物"，其竖立的行为和地点本身也蕴藏着相当丰富的历史信息。而田野现场抄读碑刻，甚至与村民畅聊碑刻的故事，都是我们理解过往历史事件对今天所见到的"历史现场"产生怎样影响的重要途径。走入今日的黄沙堡，明清的堡城城墙已经大量倾圮，城内与城外也不再是界限分明了，但是透过现存的碑刻、族谱等文献，就能够感受到堡民后代与周围村寨民众彼此之间的"边界"，这种人群之间的

"边界"依然残留在口头的传说与历史的记忆中，因为导致界限划分的政治、经济权利长期存在，这也影响着今日堡民后代对其家族历史和个人身份的叙述。

考察完军事卫所的宜章三堡，我们驱车前往莽山腹地的瑶寨，明代卫所设置的重要目的就是防卫南岭瑶民可能爆发的"动乱"。如果说以碑刻为代表的地方文献是理解军事卫所聚落变化的重要途径，那么到了文字书写相对不那么丰富的山地瑶寨，研究者们又该如何去触摸其历史变迁的脉络呢？

这不得不令人想起施坚雅对中国农村的市场和社会的研究路径，在我们进入莽山瑶寨之后，此次研修班导师之一的耶鲁大学人类学系萧凤霞老师给我们讲述了如何从施坚雅对农村市场的研究路径来思考中国社会的结构。与传统史学研究通常以文字记载和文献解读来寻找"过去"不同，人类学研究更强调通过田野调查的亲身观察和体验去观照"现在"。然而，新史学的旗手们已经充分明白，无论是对"过去"的书写还是研究，都无疑充斥着每一个"现在"的干预和影响。而人类学研究的新锐们也遭受到来自有着丰富历史记载的文明国家和农业社区的冲击，认识到每一个"现在"呈现的结构中都蕴含着生成与变化的"过程"。因此，萧凤霞老师虽然受到 20 世纪 50—70 年代人类学结构主义思潮的影响，但是也在施坚雅对中国农村市场研究的结构性思维中"破茧成蝶"，将"过程"视角带入"结构"体系，去思考中国社会结构形成与变迁的持续性机制。那么，这种宏观性的理论视野又是如何被带入具体的调查研究之中的？田野考察能够让我们如何理解且思考理论关怀与实际生活之间的互鉴作用呢？

在湘南为期十天的田野考察中，我们多次跟随诸位老师进入村民家中、庙宇祠堂和墟市中，考察他们的经济活动、祭祀习俗和赶场活动等，观察他们现在的生活状态，理解文献中的"过去"与"现在"生活的差异与变迁。初入莽山瑶寨时，看到当地的瑶族村民大多居住在钢筋混凝土小楼里，平时去农田里耕种劳作或者去集镇买卖商品。乍看起来，他们与宜章三堡的堡民后代之间似乎已经没有了明显的族群差异，而且当地传统的砖木建筑也秉承着湘南的地域特色，一些瑶族大姓宗族也建立起了自己的祠堂祭祀祖先。似乎传统社会界定族群身份的很多文化标识已经在岁月的变迁中逐步淡化，明清文献中关于堡民、瑶户的很多族群标签，也在当代民族平等的政策中逐渐失去了其原有的意义。那么，族群的边界是否已经随着明清易代后卫所裁撤归并州县的制度施行，"军户"到"民户"的身份转变，并且与"瑶户"在州县的土地、赋役上的利益互动而有所变化？如果真有变化，又如何与后来的民族政策相互交织影响着地方民众的日常生活？在田野的观察中，这样一些疑问不断地浮现于我的脑中，后来也影响了我对地域社会族群关系历时性的关注与思考。

想在短期田野考察中对这些复杂的问题得出一个明晰的答案当然是不可能的，然而我以为历史人类学高级研修班的真正目的是要帮助学员们建立起对历史过程与现实生活的关联性思考方式。而事实上，我们也确实在田野考察的种种日常见闻中感受到地方文化传统的延续性和当下民众生活的关联性。田野考察中某日突降大雨，萧凤霞老师带着我们进入村民家中躲雨，于是同村民闲聊起平常的闲暇生活，几个妇女聊起去附近的圩集赶场买针线做刺绣，说着就兴奋地拿出年轻时候做的刺绣头巾给我们看，花纹的颜色和样式完全来自母亲一辈的教导，并且男、女头巾的包法也各有讲究，边说边拿着头巾在萧老师的头上演示一番，好像给自家闺女梳妆打扮。萧老师也十分配合，任由几个妇女摆弄。为了让刺绣花纹刚好出现在头顶上方显眼的位置，她们中途还热烈讨论起来，不时回忆当年母亲的演示和教导，嬉笑着聊起当姑娘时包起花头巾、盛装外出赶场的热闹情形。萧老师当时微笑地听着她们的愉快交谈，我们几个学生也看热闹似的不停拍照，让雨中的那间屋子都沉浸在瑶族女子盛装打扮即将外出赶场的美好回忆之中……

而今日面对照片回忆起那天的情形，那莽山女子手中蓝黑地红白菱形十字花纹的刺绣头巾，不是陈列于博物馆中的

莽山瑶寨访谈

历史遗物，而是在瑶族女性生命中代代传承、一针一线织就的日常生活。如果文字记载能够揭示出历史中需要被书写下来的那些知识与记忆，那么物质文化的代际传承则展现了那些不会被文字刻意记录但却无法忽视的生活体验变迁。而被施坚雅作为寻找中国社会结构路径的农场市场，在乡村妇人的日常生活中也不仅仅是一种满足经济需求的交易场所，而是充盈着情感表达和美好回忆的热闹街市，是将大千世界带入个人小小天地的一扇窗户⋯⋯研究者模型中社会的结构或许是由无数人活动之网络所造就，但人的生活本身却不应该仅仅只是结构中的那一个个"理性"的网点，而因此丧失掉了需要被理解和表达的情感与血肉。田野调查中与乡民交流沟通的过程，正是教导我们去理解、感知和欣赏那些常常被文字记载所忽略的，却仍然沉淀于乡民日常生活中代代传承的物质文化、身体技艺与情感回忆。这些方面也常常能够穿越时空，搭建起过去与现在关联的桥梁。

历史人类学的田野调查常常被学界同人戏称为"进村找庙，进庙找碑"的文献式田野模式，我以为这种田野方式在初入村落时是必不可少的，因为庙宇或祠堂一类的建筑确实是普通乡村中相当"不普通"的建筑景观，它们的出现应该引起研究者的高度关注。而且湖南向来文风鼎盛，湘南地区以及毗邻的桂林北部乡村也都祠庙众多，加之明代军事卫所驻地的所城和堡城遗址大多留存，因此具有相当数量的碑刻、匾额、谱牒和契约文书都在此次田野考察中成为我们重点研读的对象。然而，也有很多和当地村民简短交流的时刻让我至今难忘，让我去思考文献记载与口传故事之间的微妙关系。

　　记得是在蓝山县宁溪所城附近的一个光绪年间兴建的利氏宗祠，里面楹联、碑刻丰富，内容无不彰显出利氏祖先在明代作为军户落屯宁溪，在此生息繁衍，到清代才逐步兴建宗族的过程。当时我们还未看到利氏族谱中关于利氏添置祭田和民田并将部分民田寄庄于民户的记载，对于利氏如何能于清代在当地崛起并兴建宗族的过程也不甚明了。刘志伟和赵世瑜二位老师同给我们拿钥匙开祠堂门的老人家攀谈起来，先是询问他一些关于我们在所城街上看到的墟市设立的情况，后来话题就转移到农业税收上。老人给我们讲述了一个据说是在祖辈时期就流传下来的口传故事：有一年湖南大旱，皇帝微服私访路过宁溪，消息不知道怎么就泄露到了利氏祖先的耳中，于是那位聪明的祖先就用蜜糖在皇帝路过之

宁溪利氏宗祠访谈

地写了几个字，结果蜜蜂就飞来采蜜，皇帝看到蜜蜂排成"免粮三年"四个大字，以为是天意，于是回京后就下了一道谕旨，让宁溪免粮三年。老人说完哈哈大笑，二位老师听完也会心一笑，刘老师还忍不住感叹一句："看来赋税对你们来说一直很重要。"我们坐在一旁觉得故事有趣，当时却未解其中的深意。后来谢湜老师在 2014 年发表的文章《"以屯易民"：明清南岭卫所军屯的演变与社会建构》，就利用当时田野调查中发现的碑刻、族谱和契约等文书，细致地梳理了宁溪的利氏、阮氏、李氏、黄氏等明代卫所屯户先以寄庄方式安置民田，然后在清代康熙年间卫所裁撤背景下，又以朋充方式承顶绝户以开列民户，以合同摊派方式承担民户应有差役，最终实现了"以屯易民"的复杂历史过程。[①]

无论是口传故事还是碑刻、族谱、契约这些民间历史文献，其实都透露出利氏等屯户家族后代从明清以来就在为其户籍身份和赋役摊派不停地与各方势力互动，而这种贯穿几百年间事关家族利益的活动不但进入文字书写的体系之中，以合同、立碑或谱牒的形式被记录下来，也浸润到家族中个人的历史记忆或日常话语层面。而当研究者接触研究对象时，这些家族或个人过往的历史活动就会通过各种形式展现出来：历史学者关心文字记载，而人类学者醉心口传记忆，切入点不同却又殊途同归，都是以人之心态和行为作为研究对象。历史人类学当然希望取二者之所长，探究人（群）之心态与行为的动态过程，去理解过去与现在之间的互动与交融。

因此我以为，历史人类学的田野调查不仅是获取民间文献的途径，更应该是解读文献和了解文献生成环境和源流的钥匙。历史文献是因应人的历史实践活动而产生的，其源流

---

① 谢湜：《"以屯易民"：明清南岭卫所军屯的演变与社会建构》，载《文史》，2014（4）。

关系一目了然。然而人的生活中很多的实践活动是无法进入文字视野的，甚至没有办法被文字符号所承载，尤其是那些没有自身文字系统的人群，因此才如沃尔夫（Eric R. Wolf）所言存在着"没有历史的人"①。传统历史学已经长期将目光投给了那些由文字铸就"历史"的人群，而历史人类学或许能够为更多"没有历史的人"找回他们的历史。比如，最近三十年来，历史人类学研究已经逐步从珠三角和闽浙沿海的水上人、闽浙赣交界地带的客家与畲民，扩展到南岭山地的瑶民，以及清水江与都柳江流域的苗侗人群。这些王朝国家视野下的"边缘"人群大多缺乏完整的文字传统，或是被朝廷官方文献"歪曲"描述，如何找回他们自己的"声音"，是历史人类学者肩负的长期使命。

而从更广泛的研究视野来看，甚至不应该仅仅从文字入手（很多情况下根本无文字可寻），或许可以从非文字系统的口述传说、物质文化、体化记忆甚至空间衍变去寻找线索，去理解人（群）在时空变化当中的心态和行为关联。而这些方面早已经进入语言学、考古学、民俗学、宗教学、音乐学、建筑学等诸多学科的领域之中，因此历史人类学也不应该只局限于历史学和人类学的跨界组合，而是应该以"人"的各

---

① 参见［美］埃里克·R. 沃尔夫:《欧洲与没有历史的人》，贾士蘅译，北京，民主与建设出版社，2018。

种历史实践活动为中心，吸取多门学科的研究视角和理论关怀，体现出"整体观"视域下的综合型研究。我身边诸多的师友也已经做出不少大胆且成功的尝试，限于篇幅不能在此一一列举，希望自己未来也能有更多研究方法与视野上的创新和跨越。

以上是我在 2012 年那次历史人类学高级研修班上观察和学习到而当时未能清晰言明的，于是八年之后能够经由回忆沟通起过去的经历与今天的点滴思考。或许这些思考可以看作这些年来完成了博士阶段的学习，并踏入了新一阶段的田野工作与研究实践探索的一些回忆与感悟，它对我的影响与启发也成为多年之后仍然感念不已的一段宝贵经历，鼓励我之后在历史人类学视角的文献研读与田野调查之间做出更多的思考与尝试。

（黄瑜，中山大学社会学与人类学学院、历史人类学研究中心副研究员，第十届学员）

新加坡和马来西亚

◎ 七月星马行①

杨培娜

  2014 年 7 月 16 日，第十一届历史人类学高级研修班在新加坡南洋理工大学开班，此后的十三天里，我们的成员数在热带的空气中不断膨胀，从初抵狮城的十三人，到高峰期的二十二人，再逐渐回缩到开班时的数目。这个星马班，每天都在各种语言、文字、建筑、美食中穿行，有郑振满老师、蔡志祥老师和许源泰兄、郑莉、黎俊忻等熟悉东南亚历史文化的同伴，满满当当各种新鲜刺激和收获。然而，因为个人的疏懒，没能对当时的考察做及时的整理。接到赵老师任务后，打开鬼画符一样的笔记，重新回到那个热火朝天的 7 月，空气中似乎又混合了那种酸中带甜辣的风味。

---

① 　新加坡旧称星洲或星岛，别称狮城。

7月16日，中山大学的老师和成员（陈春声老师、刘志伟老师、程美宝老师，以及谢湜、我、黎俊忻、谢欣、张荣生和刘玉亮等）从广州飞新加坡，跟已经先行抵达的赵世瑜老师、郑振满老师、源泰兄和郑莉会合，在南洋理工大学校园举行开班仪式。据说研修班在第十届就打算结束，以示功德圆满，不想居然又办了起来，而且还跑到了海外。吊着车尾赶上趟，我庆幸不已。刘宏老师和陈春声老师主持了开班仪式，南洋理工大学中华语言文化中心游俊豪教授做了题为"新马华人的重层脉络"的演讲。开班仪式中见到久违的慧梅（我的本科同学，后在新加坡跟刘宏老师读博），甚是高兴。晚上在校园超市采买一些生活物品，我跟俊忻买了些酸奶，谢湜对南洋方便面十分感兴趣，一次选购数种咖喱口味以做比较，此后在马来西亚也多有进货，不知此番比较有何心得？

第二天，研修正式开始。我们主要参观了南洋理工大学华裔馆，随后进入市区考察天福宫、福德祠、粤海清庙，参观土生华人博物馆和新加坡国家博物馆。

华裔馆"何为华人"的展览中，多采用一张张人物照片，用个体生命来映照一个家庭、群体和时代。大概因为亲人中不乏"过番"者，自己一直对他们漂洋过海到他乡讨生活的境遇和场景非常好奇，所以参观过程中也在不断比对、想象。

从南洋理工出来后，我们开始上街，探寻存活在现代都市中的古庙宇。天福宫、粤海清庙，分别是福建人和潮州人主建的供奉天后的庙宇。对建筑盲的我来说，庙宇建筑风格、格局都很眼熟，细部又看不太懂，故无太多印象；天福宫中有道光和光绪碑记，都是捐钱题名碑，但因为对这里的历史完全不熟悉，这些密密麻麻的人名没法唤起什么联想，不过道光碑中有不少船名，倒是可以想见这座如今已经被高楼大厦包围的庙宇曾经的地理位置。

后经由源泰兄介绍，知道天福宫和粤海清庙实际是19世纪新加坡两大华人帮派最重要的庙宇，它们之间有着各种

郑振满老师、许源泰、郑莉在福德祠里跟庙祝聊天

惊心动魄的竞争、抗衡的故事。之后我们从粤海清庙一路走到了古码头，终于开始在空间上将这些庙宇和新加坡的历史建立了一些联结。据传闽南三十六姓来到新加坡，以天福宫为中心，控制码头；而粤海清庙最初的修建者是万事顺公司，是一个船务公司，后来庙宇改由潮侨组织义安公司管理，十二姓联合起来对抗天福宫。至于福德祠，主祀大伯公，由丰顺大埔等客属群体管理。我们还是有点云山雾罩时，"碑神"郑老师已经对着庙里存留的碑刻，跟我们讲述19世纪广肇、客属、潮属、闽属等不同地缘群体对福德祠管理权的竞争历史了。

从天福宫到粤海清庙途中，我和谢湜被一栋外墙全是粉红色的伊斯兰风格建筑吸引，走进去发现是 NAGORE DARGAH 印度穆斯林遗产中心。谢湜跟管理人聊天，我则看墙上的展板。印象最深的是展板介绍印度穆斯林的职业时说，贸易对印度穆斯林社会而言是最重要的，在新加坡开埠之前，他们最重要的商品是衣服和布，而新加坡开埠之后，他们迅速扩展到两个重要的领域——牲畜贸易和货币兑换，并强调，一直到今天，新加坡货币兑换业仍以印度穆斯林为主导。里面也提到在1900年以前有很多印度劳工做码头装卸工，后来这个行业逐渐被华工取代。

这是一个非常有意思的叙述，给我们在东南亚华人叙事框架中打开了一扇新的窗户，让我们听到了华人社会外的一些声音。

接下来，我们去了土生华人博物馆和新加坡国家博物馆。土生华人博物馆展示了土生华人的日常与公共生活，有很多粉嫩的娘惹瓷器，还有一个专门摆放神主牌的神厅。国家博物馆的内容非常丰富，不过因为时间紧，也因为受此前在印度穆斯林遗产中心的影响，我在博物馆的参观有了一些偏向，在一个播放关于印度穆斯林商人在新加坡放高利贷的纪录片的展厅停留许久。片子里面提到：英国人在开拓东南亚殖民地时，往往会带上印度借贷人社群，给他们特许的权利，让他们在新殖民地扮演一个融资与银行的角色。他们跟银行借钱，然后把借来的钱分成小额款项，转而借给当地人。这就是为什么印度放贷人的店屋通常在银行隔壁。

这也开始触发我的一些联想：作为涵盖伊斯兰文化、印度文化、中华文化和欧洲文化的东南亚，是包括马来人、印度人、华人、欧洲人等不同群体共同生活的空间，他们彼此之间必然有各种互动、交往的形式。我们在讲述东南亚华人历史时，常常感动于前辈先贤们的筚路蓝缕、乡梓之情，而乡土之链也是海外华人经济和社会发展中的重要特点，甚至是构建商业网络的关键。不过，在一个多元种族和文化的世界，跨越乡土或者说形成新的群体组合也是可能或者说必需的。海外华人企业家是很多研究者关注的对象。他们的起家，

往往是中西各种经营观念和模式的融合，当从较传统的家庭
小企业向更大规模、更具综合性的企业转变时，殖民地政策，
周边不同的金融观念和商业制度、经营方式等都是可供学习
和利用的资源，这时候可能有着超越乡土之链的层级合作。
我不由得想起一个"过番"亲人的话，"生意大家做"，能
互相支撑和帮助最重要。

　　趁着等待集合的时间，我用手机查阅了一些资料。新加
坡第一家华商银行广益银行在 1903 年创办，此后陆续有四
海通等华资银行设立。但是华商银行资本小，所有华资银行
的实际资本加起来，还不及一家在新加坡营业的英资银行，
名为银行，其实只是"钱庄性质耳"①。据颜清湟先生研究，
19 世纪 30 年代前后，马来土邦的锡矿开采，早期资金多来
自海峡富裕的英资和华人资本，"当时一些大规模的华人商
业和矿业须要外资银行的支持"②。

　　我想起一个例子。四大百货之永安公司在发展过程中经
历过一次飞跃，那就是在 1907 年永安要扩大业务时，通过
何东爵士的关系向汇丰银行（最早进入新加坡的英资银行之
一）借得六十万港币贷款，这是永安公司早期资本的四倍。

---

① 　陈维龙：《新·马·注册商业银行》黄开禄序，5 页，新加坡，新加坡世
　　界书局（私人）有限公司，1975。
② 　颜清湟：《一百年来马来西亚的华人商业（1904—2004）》，见《海外华
　　人的社会变革与商业成长》，240 页，厦门，厦门大学出版社，2005。

结合前面在印度穆斯林遗产中心看到的信息，印度商人在新加坡、槟城等海峡殖民地的金融银行业中占有主导地位，他们先向英资银行贷款，再分贷给本地商人。其实这种模式很像后来英资银行进入中国金融市场的模式，英资银行用短期贷款的方式借钱给上海钱庄（拆借），钱庄把资金分散出借给更多的商民，进而形成19世纪中后期上海金融业的基本结构。简单看来，二者手法一脉相承，印度的店屋是否就类似于上海的钱庄？

　　这里就逐步引发出一些问题，例如，生活在同一空间的华人与印度人、马来人，他们彼此之间可能存在怎样的联系和交往、学习与模仿？英国、荷兰等殖民地政权以及本地土邦所制造或存在的制度与习俗等又会对华人的生存和商业经营造成什么影响？这些问题让我在接下来的行程当中，观察的角度有了某些偏移。

　　7月18日，我们安排考察的是新加坡武吉布朗坟山、碧山亭、八邑会馆、牛车水。

　　武吉布朗是新加坡最大的华人墓地，一共有五个山头，从1833年开始建坟，1922年又大规模从别处迁来，总坟数达到八万多座。坟山就是一座大型资料库。本地知名的文史研究者林志强先生给我们当导游，带我们围绕时间、名人和会党以及装饰等几个线索探寻古墓，如李光耀之先祖墓、厦门小刀会创始人之父母墓等。我们看到好些土生华人墓碑上的女性有汉姓，猜测是不是根据父亲之姓来定，程美宝老师半开玩笑说也可能是随便取的，例如有几个女性写的是"暹娘"，显然应该是指她是从暹罗过来的。

而后考察的碧山亭、八邑会馆都是华人组织机构。碧山亭被视为新加坡最早最重要的华人治理的机构，负责处理华人内部事务。里面存留不少碑刻，对照文本阅读，对"甲必丹"这个名称和殖民地华人管理机构的沿革有了一些初步了解。此后我们去了八邑会馆参观、座谈，了解从 19 世纪早期到 20 世纪 80、90 年代新加坡潮帮发展的线索。作为星马地区重要的潮帮组织义安公司，成立于 1845 年，同时接管了粤海清庙，登记所有权，买断九百九十九年，而八邑会馆于 1929 年成立，本身就是潮帮内部纷争和权力转移的产物。而在今天的法律框架下，会馆的功能已经完全不一样，义安公司也注册成为信托机构。会馆人员非常热情，还给我们看了部分的会馆会议记录和账本，信息非常丰富，是研究新加坡潮帮及华人社会非常重要的资料（之后好像陈景熙兄有学生专门进行整理研究）。

牛车水算是新加坡的唐人街，大概跟莱佛仕（Sir Thomas Stamford Bingley Raffles）规划的华人居住区有关。一路人山人海。跟着俊忻去拜访了她之前采访的精武会，之后一路走到了桥南路的马里安曼兴都庙，在附近跟大部队会合。此后我们分散觅食，我跟俊忻到义安城去吃了个海南鸡

在槟城"庇能会议"旧址

饭，新加坡的行程完满结束。

从 19 日开始一直到 28 日，我们从新加坡转入马来西亚，先沿马来西亚西岸一路往北到马六甲、槟城，随后再重新沿西岸往南，途经霹雳、太平、怡保，考察吉隆坡、巴生港、雪兰莪，最后从新山返回新加坡。

在马六甲，我们参观各种不同主题的博物馆，阅读从不同主体出发叙述的马六甲历史，探寻老街，在雷州会馆里吃到至今回想起来仍垂涎的凤梨酥；在槟城，富丽堂皇的邱氏家庙和韩江家庙让人印象深刻，而这些家庙建筑的背后，是庞大的华人社群网络；在巴生港，我们躅行于 19 世纪锡矿运输的铁轨上；在巴生桥下，吃到了东南亚"最古早的肉骨茶"（刘志伟老师语）；在新山，义兴公司"反清复明"的旗帜依然鲜亮；在吉隆坡福建会馆里，民国建立前夕陈嘉庚等人的会议讨论记录，让人深切体会"华侨是中华民国之母"的意涵。

星马之行，让我们重新回到 18 世纪末到 20 世纪初的东南亚一隅，观察伴随着荷属、英属海外殖民地的建立，环南海政治力量和国际贸易模式的转变，马来西亚甘蜜、橡胶等种植园经济和锡矿等矿业经济的发展，各地华人群体依托地缘或拟血缘关系形成各种具有政治、经济、宗教功能的社会团体或组织。他们或以神庙或以祠堂或以会馆作为活动中心，在不同的政治法律环境中成立私会党或注册成社团、公司，彼此进行合作或竞争甚至战争（如拉律战争），在政治经济、社会慈善、文教等各方面发挥他们的影响。历史与现实交错，华人拓殖史的波澜壮阔、惊心动魄，让人感叹不已。

当然，行程很密集，很多地方感觉走马观花，幸好有俊忻、郑莉准备的细致读本，一路考察加上对读文本、聆听讲座、集体讨论，总算是对几个关键的时间节点有点掌握。不过总觉头绪太多、背景知识太少，尤其对自己有兴趣的多族群交往的问题更是无从着力。我在最后的总结中就说，行走一路，有太多看着熟悉实则陌生的事物，一方面在增厚一些既有认知，另一方面又在加深自己的疑惑。

一如语言。这里的人们很好客，面对我们这些陌生人的询问，总是努力回应，如果能用方言交流，他们就显得更开心。不过他们自己之间交流，好像是另一种语言，我们听不懂。一如文字。满大街的广告招牌，乍一看像英语，仔细一看不大对，再询问，可能这是用闽南话或广府话或客家话拼写的，还有更多是完全看不懂的马来语。这种对初来乍到的我们来说相当混乱的状态，生活于其间的人们却怡然自在，多种语言自由切换。我在最后的总结中谈到了自己的这个感想，陈春声老师回应了一句：语言最基本的功能是交流，而不是用来做族群分类。

这确实是我们习见的误区。作为研究者，我们会自觉不自觉地对人群进行分类，而语言往往是被用作人群区分的标准之一。历史上的那些土客纷争、分类械斗似乎也在印证我们这种做法的合理性。但是，是其他的因素塑造了这种以语言区分人群的现象，还是语言确实就是一种带有本质性的区分因素呢？回到日常生活的场景，一个远走他乡的人，在可能的情况下，是否会完全只固守自己的方言群体？这其中带来的亲切感和连带关系当然很重要，但它可能是建立网络的资源之一，而非一种限制。我的姑婆是第二代移民，在泰国出生，她的潮汕话和泰语都说得很好。她说，自己做小生意，撑着小艇沿着河岸卖青果，跟很多华人、泰国人一起打交道，关系不错，生意也越来越好，后来也有了自己的店铺。现在下一代有从泰国回唐山，也有从唐山再去泰国的。日常生活，往往不像我们研究呈现的那么紧张对立。对于求取生存的异乡人来说，努力扎根在地，或许是更迫切、现实的考虑。这又让我想起游俊峰教授的讲座里提到，"移民"这个词，他们不喜欢（当然，这也跟20世纪之后的政治和社会形态发生变化有关）。

在东南亚这样一个复杂多元的文化地理空间中，从历史到今天，包括华人在内的人们，可能形成了什么样的生存策略和生活方式？

突然想起之前在马六甲看的一块牌匾。这块牌匾是由马六甲的印度人群体题赠给马六甲华人三多庙的。当时我觉得很奇怪，就问庙里的负责人，为什么会有这块匾。老伯回答我说："因为我们跟他们比较接近啊，跟穆斯林那些（人）就比较远。""远"和"近"，是非常朴素的表达，但背后是否意味着宗教、文化乃至经济上的关系呢？这让我联想起自己在新加坡、槟城、吉隆坡等地都隐约感受到的，华人社区（唐人街）与印度社区（小印度）在空间上的粘连关系，往往唐人街附近就有小印度。总结时，我也提到这个观察，还假设会不会华人和印度人都有佛教的信仰，让他们有宗教文化上的亲近感。赵世瑜老师提醒我印度群体可能更明显的是印度教，陈春声老师补充说，可能华人宗教信仰和印度宗教确实不如伊斯兰教那么带有排他性（伊斯兰教是一神教）。

又想起之前在槟城韩江家庙里问一个老人家，为什么这个建筑不是叫潮州会馆，而是叫韩江家庙。老人家说，英国人认为宗族就类似于西方的宗教，祠堂就如同教堂，对于宗教性质的活动，可以免税或者只象征性地征收一块钱的税，所以他们就以宗族、祠堂为名来创设公司。老人家的回答内容我后来没有再进行具体的考证，但这里透露出，在这个充满多元文化知识传统的社会里，不同观念和制度的差异，可能为不同人群灵活处理经济和社会问题提供了弹性空间。

安东尼·瑞德（Anthony Reid）的书强调，这个季风吹拂下的东南亚海域，应该是一个文明生发的空间，而不仅仅是通道，或者其他文明的殖民地。我们看待东南亚以及华人先贤们的历史，也许还可以有更整体的眼光，读出更多的可能性。

（杨培娜，中山大学历史学系、历史人类学研究中心副教授，第十一届学员）

◎ 他乡与故乡之间

黎俊忻

2014年7月，我有幸入选为前往新加坡、马来西亚的第十一届历史人类学高级研修班学员。在此之前的一年，我刚刚结束在新加坡为期八个月的交换生生活。独自在海外的日子，懵懵懂懂地摸索着如何进行我关于精武体育会的研究，也偶尔到马来西亚，拜访一些当地学者，参观若干历史古迹。现在回想起来，对新马一直抱有强烈的兴趣，并在工作之余用相当紧张的年假继续田调，实源于读书期间结下的缘分。2014年的这一次回访，于我有着承前启后的意义，帮助我以后观照博士论文以外更广阔的当地历史。更何况近距离与老师们一起田调这么多天，于我还是第一次。

有文字记录的世界

为此次研修班做前期准备，与此前每一次一样，要编写反映当地历史的基本材料，做成读本发给参与者。为此，刘志伟老师曾与我以及几位常跑新马的同学商量，结果一致选定以《马来西亚华文铭刻萃编》《新加坡华文碑铭集录》为基础，以行程所到地区定范围，删减没有涵盖的部分，并补充所到各地地图、殖民档案等等。此二书本来已整理得十分细致，由此做出的读本，涵盖了相当大一部分 19 世纪至 20 世纪初马来半岛地区的中文文献。至于个别社团未可示众的内部资料，我们现在无法看到，只怕大部分研究者也看不到。

考察过程中，我们经常利用空余时候把读本过一次，对下一个目的地的地理环境，庙宇、会馆的金石文献，有个大致了解。当然，这些碑铭与国内寺庙所见亦相似，一次重修捐款，写上许多人名，需要对本地历史长期浸淫，解读时方能鲜活起来。记得在槟城请当地著名学者陈剑虹先生给我们讲课，陈先生接到电话当晚前来，并没有太多前期准备，看到读本就直接用来讲解，洋洋洒洒铺陈出过去槟城海山党与义兴党数十年冲突的史事。碑刻中的人与事，在他长年的研究中早已深入记忆。这正是我们所向往的学者的状态。

读本陪伴着我们的田野调查，同时也象征着新马本地历史文字记载的某种边界。如果延伸一下时间，比如下移至我一直感兴趣的 19 世纪末 20 世纪中叶，则又有大量已经数字化的中文报纸，史料链条比较连贯。如果外文较好，则数量庞大的殖民档案又可供运用。综合来看，似乎对于长久以来依赖文字记录的史学工作者而言，是相当友好的研究条件了。可是真正深入新马的具体课题中，却仍然经常困于史料受限的窘况，这是新马自身的历史与社会现状决定的。

乡 村

我们曾到过槟城对岸大山脚武拉必新村，过去在新马经常是在城市里进行田调，此次是我第一次踏足马来亚的乡村。

所谓"新村"，指 20 世纪 50 年代英殖民政府设立的华人集中定居点，当时为阻止华人与马来亚共产党接触，殖民者粗暴地把华人驱赶至新村。村周边设置重重围栏，村口则有哨卡，检查外出务工的村民所带之物，避免他们用粮食接济马共。许多新村晚上实施宵禁。新村的建立过程充满了华人的血泪，他们原有的家大多被摧毁，里面可能是几代人辛苦积累下来的家当。过去新加坡国立大学的课堂，以及当时田调时收集到的新村纪录片，大多数在这一个讨论基调下。

踏足新村的第一眼，完全不是想象中"握手楼"垃圾满地的农村情形。此地路面十分开阔，每一户前后都有空地甚至小花园，打理得井井有条。村中大门正对着大路，有他们称为"巴刹"的市场，也有规模颇大的学校，以及小剧场一类的公共空间。后来我亦去过一些曾经被称为"黑区"的新村，规模有大有小，整体上都干净整洁，居民亦不少，没有明显的人员外流带来的衰落。村中华人占多，但仍能看到一些印度人与马来人杂居其间，并在屋前设有他们的神祇或标识。他们的政治倾向，亦会表现在屋前所插的旗帜等物品上。

当天令我尤为印象深刻的是在村中看见一间非常新的庙，而我的眼光只放在有年代感的事物上，认为那间庙没必要进。然而陈春声老师坚持说，新建筑不一定没有旧东西，一定要去看。结果庙中果然有一块似乎从他处（可能是庙的原址）搬来的碑，记载着 20 世纪初村民在山区的情形。这些金石文献，都要在现场释读，不能只拍照带回去就算了。陈老师还嘱我们要留意庙内墙上所贴之物，除了公告、捐款名录外，还有一些记者写的报道。刘志伟老师亦指出，记者们虽非专业学者，但他们的报道会给人很多线索，方便向当地人进一步了解情况。虽然后来我不太能像老师辈一样见庙进庙，而是把研究关注点更多投放在近代社团上，但现场释读文献、在各种历史现场观察与提问的习惯一直保持了下来。

新村政策使马来亚华人传统乡村的形态被彻底改变。关于新村规划的研究及其对于土地开发的正面意义，亦在民间渐多耳闻。其后续影响，还有待时间沉淀和观察。

小 埠

太平位于马来半岛北部霹雳州，是我们走过的相对小一点的城市。历史上北霹雳州因海山与义兴两会党争夺矿场爆发过激烈冲突，太平即在冲突的核心。后来二者在各方调停下平息纷争，因而把该埠命名为"太平"。今天作为观光地的太平湖，实质是一个巨大的锡矿场遗址。在太平我们只停留了半天，此地与马来半岛很多规模相近的小城一样，横竖几条主干道即构成居住活动的核心，里面一定有大巴刹，也经常有一条名为"戏院街"的老街。当时时间紧迫，老师们箭一样冲出去，见庙进庙，见碑读碑。我在后面追得气喘吁吁，照相机、手机和笔记本来回倒腾，手忙脚乱。多年以后，彼时情景尚历历在目。

怡保是因矿业兴起的城市，开发时间上比金宝、甲板等地稍晚，处于山区之中。车走上蜿蜒的石灰质山间，即感到温度降了不少，空气更为湿润。怡保有几处大型的石灰岩山洞，最有名的大概是霹雳洞，里面有不少 1949 年以后逃往台湾的国民党高官留下的书法与壁画，这也从侧面说明此地历史上国民党的势力与影响比较大。我们到怡保有名的霸罗古庙、斗姆宫时，并非重大节庆日，只略略参观，顺道求签一支。斗姆宫中还存在穿令所用三四米长的钢管，拿起来都费力，更难想象如庙祝所言穿过腮帮随游行队伍行进。

游客常到的旧街场一带是国内亦常耳闻之地，店内售卖本地盛产的白咖啡和各种饮品、小食。当地出品的各种香饼、咖椰角等糕点亦甚有名。走过旧街场不远，则可见连成片的广府人殡仪业商店，以及会党领袖郑景贵等客家帮建立的闲真别墅（在 2019 年回访时该别墅已经开放为文化博物馆）。当日怡保中国精武体育会会长、当地侨领黄保生先生带路，领我们参观古庙、独立中学、旧火车站等地，晚上吃着当地名产芽菜鸡，喝着白咖啡，一天紧张的考察随着夜色降临结束。

　　在马来半岛南部柔佛州，我们到达麻坡。就文献所知，此地是民族主义极盛之处，有早期孙中山宣传革命的书报社等组织，20 世纪 30 年代末更是抗日救亡运动如火如荼之地，涌现过很多抗日英雄。当地华侨接待武汉合唱团筹款事，历历载于报端。是日联系漳泉会馆的老先生，参观他们以花砖铺就地板、石磨桌椅为饰古色古香的会馆，获赠《麻坡华侨义烈史》，是书后来亦成为我论文写作的重要材料。

　　若非亲临当地，只怕难以对一方的风土人情、地理物产有直观感性的认识。多年以后我独自到和丰亲见为运矿而建的维多利亚铁桥，在以出产燕窝闻名的安顺看到夕阳下漫天飞翔的燕子，亦是一样道理。田调时张弛有道，留出一定空间享受当地美食，亦不失为保持头脑清醒的方法。

海　岛

在巴生港，我们坐船去了大名鼎鼎的吉胆岛，这亦是我第一次走进马来半岛的渔港。之所以说此岛大名鼎鼎，是因为从各个方面看，它都具备成为人文学者笔下学术典型的潜力，受到广泛关注。在我所知的数年之中，本地学者接待中国和西方各国访查吉胆岛的学人一批接一批，有时在调研旺季，岛的小路上频频碰到的可能不是游客，而是访问学者。

吉胆岛许多民居建筑在水边，连排成栋，几乎家家户户竖着鱼骨天线（据说是为收看中国中央电视台而设），外侧即为大片海洋，情形十分壮观。陈春声老师当时感慨地说，这些人世世代代生活在海洋所联结的世界，成为其中的一个个节点。郑和下西洋时所依靠的亦是水上人，并不是马六甲郑和纪念馆所展示出来的那样，完全是天朝上国外交行为而与本地社会毫无交集。在此之后，我亦曾回访过巴生港，去了吉胆以外的海南村，同样有许多意外的收获，在此不一一细表。

坟　场

一路走过新马各大商埠，几乎足迹所至，都会去坟场一看。此地坟场是非常独特的史料集中地，既补其余金石文献

研修班一行在"明墓"前合影

的不足，又是本地家族、社团、帮群关系以及多元文化的反映。当然，在新马当地，文史学者浩浩荡荡往坟场考察亦十分常见，为坟场出书、做整理项目者亦众。考察时得到他们带路，是难得的缘分。

新马的坟场因族群差异而各有特点。比如西人坟场，往往是安葬西方殖民者，用方正的白色石板砌成石棺，周边还雕刻有漂亮的花纹。在槟城我们看到的开埠者莱特船长（Captain Francis Light）的墓，同时也是英国殖民势力逐步开发马来半岛的见证。当然我们去得比较多的是华人坟场。

我们在吉隆坡走访了广东义山和福建义山。该处广东义山相对更大，墓碑也更气派一些。此地义山直接以"广东"命名，体现了不同于槟城"广东暨汀州"或新加坡"广惠肇"等广府人与其他社群联合的模式。这与吉隆坡开埠历史上广东籍侨领的领导有莫大关系，也意味着本地广东人颇高的整合度。在靠近新加坡的新山，我们看到以琉璃瓷片装饰得极为华美的"明墓"，也很自然将其与本地著名会党义兴公司一家独大的历史联系起来。

新加坡武吉布朗（咖啡山）坟场，是一处让我深感可惜的地方。2013年我曾经跟随英文讲解队深入其间，看到做成锡克兵形象的守墓石像，还有星洲（新加坡旧称）文人邱淑园、著名侨领薛中华的墓。当时的武吉布朗，相对于新加坡境内业已拆除的恒山亭、绿野亭，以及开辟为碧山镇并搬迁重建的广惠肇碧山亭，仍然是保存得非常原始的坟场。这一次到来，新加坡官方已经启动了开路计划，要在坟场之中横辟一条马路，以缓解交通拥堵，因而很多地方已经封闭。我可以想见里面漂亮的雕花、无数历史石刻被机器碾碎的情形。

当时，本地学者林志强先生是我们的领队和解说人。他曾建议我们申请带走部分被拆除的文物，如瓷片、石刻等，并直言政府对待没有经济价值的华人古迹，并不会十分珍视。只是当时老师们考虑到出境恐有麻烦，没有采纳。多年以后我收到林志强先生寄来的关于武吉布朗的图书，里面的图片和资料，是许多关心武吉布朗的学者精心搜集的，其中厦门小刀会创办人陈庆真之母的墓碑，亦是田调之时林先生带我们去过的，我心中百感交集。

游离于文字以外

田野调查的意义，很大程度在于去体会一个游离于文字记载以外的广阔世界。此处民间充满了各种在史料上见过，但在国内生活中却较少接触到的东西，比如扶乩、跳童（请神上身一类活动）、各种茅山道术，以及令人眼花缭乱的民间信仰。这些事物在本地人的生活中扮演着非常重要的角色。出生取名，跌打损伤，生活遇到不顺，出现精神分裂症状（某些本地人称之为受外邪入侵），等等，都用一些在我看来无法科学解释的方法去解决。当地人却习以为常，并且对能帮他们解决问题的"大师"津津乐道。

更令我印象深刻的是新马地区"社会"这一层面展现出的勃勃生机。庙宇、宗乡会馆、学校，再到近代兴起的形式多样的社团，都是华人民间社会在不同时期展现的多种形态，也整合着不同层次不同需求的华人群体。华人借此表达他们的需求，延伸兴趣爱好，争取社会资源，与政府及其他社会势力抗衡，也获取相应的社交、地位与威望。在新马碰见的不少有名望的华人，头衔非常多，日常事务亦极繁杂。一方面，本地华人社会表现出令人震撼的强大凝聚力，在神诞、游艺等活动上尤其明显；另一方面，亦无须讳言这些社团组织内部及彼此之间的复杂性，要在此中妥善处理各方关系并不容易，华侨社团的纷争亦常见于报端。凡此种种，都令人非常着迷，仿佛置身一个民国时期史料所呈现的世界，既陌生而又似曾相识。

如果说在国内的历史研究，不同时期或多或少都能看出以国家为代表的正统，那么马来半岛的所谓"正统"，则是非常多元而且模糊的，因应不同历史时期当时人的处境而被灵活运用。后来新马建国努力构筑自身的国族认同，但其中仍有巨大的空缺，为过去的种族关系、地域认同所填补。

如果不是因为日本入侵新马，可能这些社团自身的档案文件不至于如此残缺。即便在今天，许多团体由于搬迁、领导者不重视资料等，大量弃置历史资料的情况仍时常发生。作为官方机构的档案馆，可能由于华人政治地位的问题，在收藏华文文献上起的作用远不如中国档案系统。我自己对于武术龙狮社团的研究，同样经常在文字缺乏的情况下进行，因为这些活动非常晚近才见诸文字，所载亦极为简略。研究者即使与业内人长期交往而得到一些印象与只言片语，想写出历史过程感仍然很有难度。这也是新马研究中时常面对的问题。

他乡？故乡？

跨国田调的种种不易，史料缺失带来的困难，在新马田调的收益与乐趣面前，似乎都变得可以克服。走在新马的街道上，我常常有种错觉，仿佛此处不是他乡却是故乡。这里的人比广州人更加经常讲白话，发音非常地道，反而在广州越来越缺乏粤语的环境。在他们的商店，能买到一些包装非常古老的商品，比如双妹香粉、柠檬膏之类的东西。在广府人聚居的一些城市，比如怡保、吉隆坡，经常能吃到广式点心，以及各种粤味十足的糕饼。似乎这一切不是田野调查的对象，而是相识多年的故友。

2014 年的调查，十余日奔走于新马各地，来去匆匆，回想当时的自己，甚为青涩。如果可以重走一次，或者我会提醒自己，养成更好的习惯，把器材都整理妥当，克服一下当时的疲劳好好记录，回国后整理完整。不论对同行前辈学者还是对田野上接触的人，都应尽量周全。然而过去种种，皆成今日之我。在新马得到当地人许多的帮助，所遇的人与事就像过去岁月里自带的温度，让我带着许多隐约的学术追求，坚持前进。

（黎俊忻，中山大学历史学系博士、广州大典研究中心研究人员，第十一届学员）

◎ 寻觅海外游魂

郑　莉

作为厦门大学历史系的学生，田野调查历来是必修课，但每次进入田野都是重新学习的过程。2014年暑假，我有幸参加第十一届历史人类学高级研修班，跟随刘志伟、郑振满、吴密察、赵世瑜、陈春声、萧凤霞、梁其姿、程美宝等老师，走访新加坡、马来西亚等地的华人聚居区，追寻海外移民的历史足迹。此行考察的重点之一是新马地区的华人义山与相关庙宇，在寻觅历代游魂的过程中，感受海外华人的历史与文化。

我的南洋之旅，始自2007年夏天。在郭慧娟教授的推荐下，我得到新加坡国立大学亚细亚奖学金的资助，在容世诚教授的指导下，研究东南亚历史上的"兴化人"。从厦门到新加坡，飞行时间约四小时。在旅途中，我望着机窗外的广袤海洋，遥想当年先民的南下之路。闽南人称南海为"七星洋"，如果乘帆船漂洋过海，据说需要历时一个多月，如今却是近在咫尺。南洋，是许多福建人的第二故乡，世世代代的谋生之地。吸引我"下南洋"的机缘，最初是家乡父老传说中的"南洋客"，是当初高祖下南洋后杳无音讯的家族记忆，是福建各地随处可见的海外侨民题捐碑。在远隔重洋的异国他乡，有我们的祖先和乡亲，他们和我们血脉相连，却又神秘而陌生。我依稀感觉，海外华人的"故乡"与"他乡"，似乎并无明确的边界，因为他们的生存状态是漂泊不定的。为了理解海外华人的历史与文化，我们必须"回到历史现场"，尽可能进入海外华人的生活情境。

在为期三个月的访学期间，我查阅了新加坡国立大学中文图书馆收藏的一百六十一种兴化人木偶戏剧本，发现这些剧本大多是由兴化原乡的大戏剧本改编的。经过访问新加坡的兴化木偶戏艺人，我得知当地原有若干兴化戏剧团，但由于市场太小，难以生存，因此逐渐为木偶剧团所取代。新加坡兴化木偶剧团的主要演出场所是同乡庙宇，其主要功能在于"娱神"。为了深入了解兴化木偶戏在新加坡的传承过程，我走访了当地近三十座兴化人庙宇，考察木偶戏表演与宗教仪式传统的内在联系。在此基础上，我撰写了研究报告《新加坡兴化人的木偶戏与仪式传统》（发表于《南洋学报》

2006 年第 2 期），此后又以庙宇与仪式传统为中心，探讨新加坡兴化人与原乡之间的跨国文化网络。

2011 年农历七月，我只身前往马来西亚森美兰州的小镇芙蓉坡，观看当地兴化人社团举办的中元普度仪式。在东南亚华人小区中，中元普度是每年都要举办的宗教活动，其意义在于超度亡魂，联络乡谊。芙蓉坡华人主要有福建人（闽南人）、海南人和兴化人，每年都要举办各种不同形式的普度仪式，其主办者有庙宇、会馆、街道、巴刹（市场）等等。中元普度仪式反映了当地华人社会的组织形式与互动关系。芙蓉坡兴化人的中元普度仪式，据说原来是与闽南人一起举办的，后来逐渐独立举办，现在主要是由“福莆仙普度联谊社”统一组织。在仪式过程中，不仅要祭拜祖先，还要超度各种孤魂野鬼，尤其是当地非正常死亡的“厉鬼”。这种以祖先和孤魂崇拜为中心的仪式活动，激发当地华人的宗教情感，在文化传承和社团组织中发挥了重要的作用。我对海外华人鬼魂世界的关注，就是来源于此。

2007 年，我曾跟随新加坡金门会馆的乡贤初次探访咖啡山。当时已有咖啡山墓地即将整体拆迁的传闻，许多华人社团都派人前来寻找先人墓地，抄录墓碑，寻访历史遗迹，收集相关历史文献资料。我历来喜欢清明扫墓的感觉，看坟前芳草萋萋，发思古之幽情。来到咖啡山上，在赤道的阳光

咖啡山（许源泰摄）

下观看先民的墓地，另有一番感慨。翠绿的山坡，一望无际的墓地，有多少出洋客长眠于此，又有哪些人可以在此留下一方墓碑？当年感觉墓碑大多雷同，坟头年久失修，似乎并无故事。此次跟随老师考察坟场布局，观摩历代墓碑，竟有不少意外的发现。例如，早期墓主大多来自厦门湾周边地区，在墓碑上有原籍村社和姓氏的明确记载。咸丰年间厦门小刀会的首领陈庆真，其家族墓地就在咖啡山上。这种公共墓地承载了当地华人的历史记忆，其实就是博物馆和档案馆。在咖啡山上，赵世瑜老师别出心裁地在脑后插了一朵鸡蛋花，

恒山亭旧址（许源泰摄）

却一直不肯说明原委，到下山时才揭示谜底，其意是在"鲜花悼故人"。是的，数百年来漂洋过海的南洋客，可以说都是我们的故人。

新加坡华人义山的早期创办者和管理者，就是福建帮恒山亭。恒山亭位于石叻路，原址在 1992 年毁于一场大火。根据《新加坡华文碑铭汇编》的考证，1827 年的海峡殖民地档案记载，福建帮陈送等七人致函当局，要求停止在 CHOLAS 挖土。由此可以推测，早在 1827 年之前，当地已有福建帮的公共义山，就是坟冢所在地。

现存有关恒山亭的实物资料中，有道光八年（1828）的匾额"福弥春烁"，其落款为"彰郡浦邑东山上营社大董事薛佛记敬立"。薛佛记字文舟，原籍福建漳浦县，1793年出生于马六甲，曾担任青云亭亭主。道光十年（1830），新加坡的福建人创建了恒山亭，其主要发起人就是来自马六甲的薛佛记。在新马两地的历史中，新加坡开埠之后，有许多马六甲商人转往新加坡发展，同时也带去了青云亭的经营管理模式。道光十年（1830）《恒山亭碑》记载："托足异国，昔人所悲。犹未旋返，莫可以期。存则荣归，没则旅瘗。眼见恒山之左，迭迭佳城，垒垒坵墟。或家乡远阻，吊祭不至；或单行只影，精魂何依？饮露餐风，诚无已时。每值禁烟令节，一滴之到，夫谁与主？令人不胜感慨系之矣。是以同人，效文正公之妙举，建亭于恒山之麓，以备逐年祭祀，少表寸诚。"这就是说，创建恒山亭的目的是祭祀海外孤魂。光绪五年（1879）的《重修恒山亭碑记》亦云："恒山亭者，为妥冢山诸幽魂而做。"

位于马来半岛西南部的马六甲，曾经是太平洋与印度洋之间的转口贸易中心，早在明代已是海外福建人的主要聚居地。在马六甲历史上，有许多土生华人的后裔，俗称"峇峇""娘惹"。他们的祖先就是早期定居海外的华人移民，后来逐渐融入当地社会，接受当地的生活方式，但又维持某些华人社会特有的传统习俗，形成海外华人社会中的特殊群体。在马

青云亭旧址（许源泰摄）

六甲、槟城一带，有"三代成峇"之说，即在海外超过三代就成了"峇峇"。其中实力较为雄厚的"峇峇"群体，主要是闽南人的后裔，俗称"禾山（厦门）峇峇"。在马六甲考察期间，我们遇到了禾山龙山堂邱曾氏族人，他们的原乡就在厦门大学附近的曾厝垵。我们告诉他，厦门大学的校区已经靠近曾厝垵了，他很开心，当即表示："我们的乡下用作教育是好事，希望有机会回去看看！"

马六甲青云亭俗称"观音亭"，始建于康熙十二年（1673），其创始人是来自海澄的郑芳扬和来自厦门的李为经。青云亭是东南亚地区最早的华人庙宇之一，在当地华人社会中始终居于核心地位。主祀观音菩萨，配祀天后、保生大帝、文昌帝君、关公、虎爷、太岁等，每年都要定期举行春秋祀典。

青云亭现存的大量碑记和铭文，记录了 17 世纪以来的庙宇修建、名人轶事及仪式活动。我们刚到青云亭，刘志伟老师就要求郑振满老师现场读碑，讲解当地华人的历史与文化。我虽此前曾多次到访青云亭，但从未如此细读碑文，从中寻觅历史轨迹。此次聆听"碑神"现场讲解之后，深知自己功力不足，回去还要做许多功课。

在 17 世纪以前，马六甲已有华人墓地，进入 17 世纪后华人又创建了青云亭，青云亭下又有马六甲华人坟山"三宝山"与"宝山亭"。当地现存四通明末清初时期的墓碑，分别为 1614 年的"明故妣汶来氏墓"碑、1622 年的黄维弘夫妻合葬墓碑、1678 年的甲必丹郑芳扬墓碑、1688 年的甲必丹李为经墓碑。

青云亭的主要仪式活动是三宝山义冢的清明祭典和中元普度仪式。三宝山义冢开创于第二任甲必丹李为经时期，时在康熙二十四年（1685）之前。据乾隆六十年（1795）的《甲必丹李公济博茂勋颂德碑》记载："公讳为经，别号君常，银同之鹭江人也。因明季国祚沧桑，遂航海而南行，悬车此国，领袖澄清。保障着勋，斯土是庆。抚缓宽慈，饥溺是兢。捐金置地，泽及幽冥。"此后，三宝山义冢由青云亭统一管理，并定期举行"祭冢"仪式。乾隆六十年，由甲必丹蔡士章发起，在三宝山下创建了"祀坛"，专门用于"祭冢之举"。嘉庆六年（1801），又在此地建立了"宝山亭"，"所以奠幽冥而重祭祀者也"。

为了举办中元普度仪式，在青云亭中设立了专门的基金和仪式组织。光绪三十年（1904）的《绍兰会大伯公碑记》称："故吾先辈昔有设立童子普，后改为峇峇普，曾有捐集公项生息，以为普度之需。第因公项无多，所入不足先以供所出，致至拾年前已被尽用其公项。嗣每逢普度之际，值年炉主虽有捐资，亦不得以足费需。……爰此我同人竭力捐集公项，交与佛祖坐还利息，每年所得利，以为普度之需。"这里的"峇峇普"，可能是专门为土生华人举办的普度仪式。因此，每年中元节还要另行组织普度仪式。道光二十一年（1841）的《小吊桥中元普度再捐缘序文》记载："前者公议，念逐年遇普度之期，捐缘浩繁，后得诸耆老倡首举议，添缘共八百员，逐年行利需用。每逢中元之际，则将利息银交与值年炉主、头家，应办牲醴、馔馐、果品、延僧普施。"在海外华人社会中，这种超度孤魂的中元普度仪式受到普遍重视，因而也是最重要的公众宗教仪式。

青云亭附设功德祠，供奉历代有功人士的神主牌。例如，立于康熙四十七年（1708）的"显考甲必丹仲坚李公神主"，内书："考讳正壕，字仲坚，行二。生于壬寅十一月十八日午时，卒于戊子葭月十六日亥时，享年肆拾有柒。葬于三宝山右岗，坐巳向亥兼巽干，辛巳、辛亥分金。"这种由后人书立的神主牌，实际上具有祖先崇拜的意味。早期送进功德祠的神主牌，可能与事主的身份有关，但后来又有捐资进主的制度，扩大了配享的范围。青云亭现存的道光六年（1826）木刻《李士坚配享文》记述："盖闻尊祖敬宗，原属孙子之分；创业垂统，贵为远大之图。……第思华夷远隔，往来莫续，虽有志也，而未逮焉。兹有蔡文清官，承内室邱宁娘，前年嘱托父母之褅祀，怀抱追远之诔。迩者爰请年长眷戚，公议遵循旧典，原有配享之事，议将考妣神位配入青云亭内，与曾六官同龛祭祀。拨出厝壹座，并公班衙厝字一纸，交值年炉主充公为业。"在这里，捐资配享已成为"尊祖敬宗"的表现形式，而青云亭不仅因此扩充了公产，同时也进一步贴近了普通民众的仪式生活。

从新加坡到马来西亚，到处都是南洋风情，老师们时常提醒我们关注海外华人的特殊生存环境，然而，我的思绪中却始终是漂泊不定的海外游魂。海外华人对亡魂的敬畏与怜悯之心，究竟如何投射于他们的现实世界，如何规范他们的生活方式和人际关系，如何维系他们与原乡的社会文化网络？这些就是南洋之行引导我思考的问题。

（郑莉，厦门大学历史系副教授，第十一届学员）

浙江遂昌

◎ 礼仪社群、学术群体与蔡相大帝信仰

黄智雄

　　2018 年 8 月 25 日早上六点半，我跟着历史人类学高级研修班的老师和同学来到了遂昌县黄墩村，这里的村民早已为蔡相大帝的巡游准备了好一段时间。这是当地一年一度的盛典。那神祇已在村庄里待了一个晚上。只见他在村庄高处的一个会堂里，身穿官服，安坐在一顶精雕细镂的轿子上。蔡相大帝每年都会花十七天巡视地方寺庙和村落。此时的他正在出巡途中。送别仪式伴随着喧嚣的锣鼓、唢呐和爆竹声。神像面前还摆放了一张长桌，上面供奉的祭品堆成了一座小山：有水果、馒头、烧肉，甚至还有关在笼子里的活鸽子。一位穿着灰色长袍的老人在烧香，另一位精通礼仪的师父则披红戴绿，一手敲打大鼓，另一只手吹着公羊号角。蓦地，蔡相大帝启程了。他的轿子被抬起来，以凯旋的姿态离开会

遂昌 8 月会蔡相游神途中

堂。村民组成的队伍拿着旌旗、木牌和武器，跟随在他的身后。在大帝的轿子后面，跟着另一把椅子，上面放了一块仿制的虎皮。据村民们说，蔡相公的身边曾有一块真的虎皮，但多年前被偷了，因此村民们以一块彩绘布取而代之。

历史人类学离不开实践。我们跟随队伍从村子里下来，沿着一条新修的路走进茶园。轿子在前面开路，带着旌旗、木牌和武器的村民则一直跟在轿子后头。一辆小电动车为队伍殿后，车上载有捐赠的记录。沿途的各个房舍都把祭品摆放在门前的桌子上。每当大帝路过一间房屋，主人便会点燃鞭炮。蔡相大帝会在沿途的庙宇停下——庙里通常会为他准备盛大的宴会。清晨的细雨越下越大，游行队伍也变成了一个伞阵。到处都是湿漉漉的，负责主持仪式的师父也只能有些狼狈地在屋檐和雨伞下履行职责。我抬着写有"大帝"的木牌，冒雨走进下一个村庄。坏天气并没有浇灭围观人群的热情，大家都兴致高昂，纷纷掏出手机记录这一时刻。我也和他们一样，拿着手机把队伍巡行的过程和仪式录了下来。无论老少，村里的人都出来参加蔡相大帝的游行和庆祝活动。这些活动使当地村民凝聚成了一个跨越村庄、阶层和职业界线的礼仪社群。

在到达遂昌前的两个月，我一直在清水江和沅水一带做田野调查。当时，我从黔东南的剑河县开始，然后顺流而下，到了位于贵州和湖南边界的天柱县。天柱县是我博士学位论文的实地考察点。后来，我从天柱走到了湘西沅水的黔阳和洪江（今已合并为县级洪江市）。洪江在清代是一个主要的贸易港口。沅水经洞庭湖流入长江，在明清时期，"苗木"会被绑成木筏，沿着长江被贩卖到帝国的中心地带。我离开洪江，乘坐高铁向东面进发，终于到达了浙江的腹地遂昌。

遂昌距离杭州约二百公里。如果说，清水江流域直到清代都是帝国的边陲，那么遂昌则一直紧靠长江三角洲这片文化和经济的中心。尽管如此，遂昌的山脉和河流却使它更像帝国的偏远山区，是林业发展的中心区域。在深山里，土匪自然是少不了的。独山叶氏在明朝因林业和其他生意致富。他们开始捐买官职，竖立起石碑和高耸的牌坊，又在村庄周围筑起了厚厚的石墙，以避免贫困邻里的侵犯。时移世易，叶家的运势到了清初逐渐转衰。但到了同治年间，他们又稍稍恢复过来，有足够的财力在村子的边界建筑一座蔡相庙，以趋吉避凶，巩固自己在整个礼仪社群中的地位。

历史人类学高级研修班让我们学会了一种理论与方法，让我们可借由实时实地的田野考察来了解以往的中国历史。这种方法特别关注地方的文献材料（诸如碑刻和家谱），并强调我们应在原来的语境中阅读文献：回归材料的原生环境，从村庄和社群的脉络中理解它们。这种方法把仪式视为组织国家和地方社会的关键纽带。随着国家在南方沿海地区推行财政制度，国家的风俗在这些地区变得越来越盛行，仪式的地位则变得更微妙：它可以使地方群体更趋近国家的正统礼仪规范，但同时也可以让地方社会与朝廷保持距离，维持自身的特色，从而保留一个非正统的空间。据《遂昌县志》记载，蔡相是姓蔡的二十四名木匠兄弟，去世之后被宋帝追封为神。但围绕着蔡相大帝的祭拜仪式同时也包含了一些非正统的元素，而这些元素大约与我们现在称为畲族的这一身处帝国边缘的族群有关。

研修班还为我们提供了一个开阔视野的机会。作为从事地方史研究的学生，我们常常只关注到自己田野调查点的独特地域性。在研修班的一周，我们有机会与来自全国各地的学者对话，这不但使我们有机会了解新近的研究成果，同时也促使我们以不同的角度审视自己的研究。最后，研修班也缔造了一个学术群体。历史和人类学研究往往会被认为是孤独的职业，但工作坊却展示了与学术圈的同行和地方社群合作的可能性以及合作带来的莫大收获。研修班有一个情景让我印象深刻：在一群教授和学生的簇拥下，科大卫教授与主

游神的间歇，师生们在访谈道士

持祭拜仪式的师父相谈甚欢，而周遭的村民则继续以平常的心态去祭拜蔡相。

作为一个在海外出生、在海外接受训练的学者，社群对我来说尤其重要。海外的学术界更关注自身的历史和文化传统，中国历史因此一直都是一门被边缘化的学科。1969年费正清（John King Fairbank）在美国历史协会以主席身份致辞时，曾开玩笑说每一所美国大学都应该聘请两名中国历史学家，让其中一位负责研究和翻译，另一位则专注于教学、指导学生、参加会议、追踪《纽约时报》的报道。[①] 费正清本来想说的是，对于母语不是中文的人来说，精通文言要比学会其他欧洲语言困难。但他的这番话或许也揭示了海外中国历史学家的困境。傅衣凌先生曾提到，研究历史不应局限于图书馆之中。在这个说法上，我认为可再补充一点：研究历史不应该单独进行。我很幸运，能在这几年到中国学习。能够与同学们在酒店饭桌上交流，有时为了独山叶氏的家谱而讨论到深夜，这些都使我感到十分兴奋。相比起在图书馆攻读文献，与同侪一起研读文献和碑刻还是需要时间适应，但这个过程之中却充满乐趣。

---

① John K. Fairbank, "Assignment for the 70's," *American Historical Review*, vol. 74, 3 (Feb. 1969), p. 872.

在遂昌研修班学习期间以及我自己的研究过程中，所到之处，当地学者都慷慨地分享自己的资料和研究心得，使我获益良多。但除此之外，如果没有当地村民的合作，这种地方历史的研究根本不可能进行。遂昌研修班让我们看到地方历史的意义——不论我们调查时间多么短暂，我们尝试揭示的地方历史对于当地人来说都是深刻而实在的。当地干部耗费了几天的时间带我们去观察各个村落，村民们邀请我们进入他们的家，为我们倒茶，又让我们拍摄他们家里的族谱。当我们离开时，他们将自己种的茶叶一包包地塞进我们的手里。坊间主管礼仪的人自豪地向我们展示了村庄中的神灵和那些已有几百年历史的仪式。村民特意在工作间隙抽空来为

晚上学员们在分享心得

我们用传统乐器演奏。当我们报告自己的发现，把我们在酒店餐桌旁讨论到深宵的结果发表出来时，大厅里挤满了满怀期待的村民，渴望听到我们短短一周的调查结果。假如我们研究的对象是逝世已久的皇帝和官员，我们撰写的论文对他们的后代不见得会造成太大影响。但当你与当地村民合作，当他们把自己家里珍贵的文献托付给你时，你会感觉到有责任珍而重之。

在中国做中国研究，学者显然享有许多优势，既可以更容易获取资料，也可以随时来到考察点与当地人交流。但在海外中国研究受到质疑的当下，我们还是应该注意一下外国学者对中国历史和人类学研究所做的一些贡献。举例来说，如果没有施坚雅有关农村市场结构和宏观区域的研究，我们如何理解遂昌或清水江流域的木材贸易？而"施坚雅模式"也是受到了德国学者在 20 世纪初提出的"中心地理论"的启发。如果没有弗里德曼（Maurice Freedman）对中国南部宗族的研究，我们又将如何分析叶氏在编制宗谱时所采取的策略？当然，弗里德曼也深受埃文斯 - 普理查德（E. E. Evans-Pritchard）等人对非洲亲属制度的分析所影响。我们不必全盘接受这类理论，许多学者早已对这些研究提出了质疑，尝试推翻其部分或全部论点。但是对我来说，外来观点的价值似乎是不言而喻的。我相信大多数中国学者也会认同这一点，即使我们研究的地区位于中国的腹地。正如弗里德曼所展示的那样，华人社区并不仅仅存在于中国大陆，而明清时期也是如此。反过来说，中国领土上也一直生活着来自五湖四海的人。中国的历史人类学一直欢迎来自世界各地的学者和思想，力求更好地了解我们所生活的世界，它缔造了一个开放的学术社群，这些都是值得我们珍惜的。

（黄智雄，哈佛大学东亚系博士候选人，第十二届学员）

◎ 浙南山乡间的行走、阅读与思考

杜正贞　李　扬

> 学问上的材料原是无穷无尽，纵横历乱的布满在各人的旁边，随你要多少是多少。可惜我们只知道要它，却总不肯捋起了袖子去收拾它。鸟笼的门虽开，而大家依然麇聚在笼中，啁啾自乐，安度囚牢的生活，放着海阔天空的世界而不去翱翔，这是何等的不勇啊！
>
> ——顾颉刚：《〈妙峰山进香专号〉引言》

理论、方法学习和田野实践结合，是历史人类学高级研修班自 2003 年以来开创的传统。十多年来，我们在河北、河南、山西、江西、广东、福建、贵州、湖南、陕西乃至东南亚的新加坡和马来西亚的城市和村落走过，它们往往是主办的老师和他们的学生已经关注、耕耘数年的地方，后来也成为更多学者关注、考察和研究的对象。因为有主办者前期的研究基础，我们才可能为研修班的学员选择在短期内开展深度考察的最适宜的地点，并提供进入田野之前必备的文献背景资料。

2018年历史人类学高级研修班的地点是浙江省遂昌县。

东汉献帝建安二十三年（218）孙权分太末县南部地置遂昌县，距遂昌班开班正好一千八百年。遂昌位于浙西南，仙霞岭山脉纵贯全境，是一个典型的山区县，素有"九山半水半分田"之称，山地聚落的形成和人口的生计方式均与此密切相关。境内河流分属钱塘江和瓯江两大水系，不同流域内形成了各具特色的民间信仰以及相关的民俗活动。2017年我们曾和香港中文大学中国研究中心劳格文教授的团队一道，在这里做了一周的田野调查，因此具有较好的文献和前期研究基础。根据2017年的调查，我们将这次的田野点集中在遂昌西乡的练溪盆地和乌溪江干流王村口—独山一线，以及作为对照的东乡长濂村。

根据研修班历年的传统，学员分为四组，每组由二至三位导师带领，在进入田野点之前学员们就被要求"做功课"，即阅读地方志、地名志和田野文献资料，并在文献中提出问题。当然，这些问题可能在田野中找到答案，也可能找不到答案，还很有可能会被证明完全是"伪问题"，而这正是田野的魅力所在。

同一个田野，不同的视角

　　研修班田野调查的第一站是乌溪江干流上的一个小村庄——独山村。这个村庄"躲"在一座名叫天马山的孤零零的小山之后，山前就是湍急的乌溪江，这是公路修筑之前，遂昌西乡主要的交通线。根据学员们在遂昌县图书馆阅读的《独山叶氏宗谱》和在叶氏宗祠现场读到的《叶弘渊墓志》，南宋绍兴年间叶梦得曾孙从松阳卯山迁居于此，与浙南的大部分叶姓一样，他们都把自己的先祖与唐代的叶法善联系起来。但是现存独山村的格局是在明代奠定的，我们在这里看到的街道、寨墙、祠堂、牌坊都是明代的遗迹，它们的出现

在田野中读碑（学员摄）

与明嘉靖年间叶以蕃在科举上的成功有关（1558年中举人、1562年中进士，官至工部员外郎）。通过现存的《叶宪墓志》《世德铭碑》等碑刻铭文，学员们追述了一个长达数百年的故事，包括这个家族在科举兴盛之前的经营，以及科举衰落之后的努力。

同一个田野，每组学员的考察视角和问题意识是不同的。在独山村，第二组学员关注的是宗族发展，结合地方志、族谱等文献，重建了独山叶氏明代盛极一时、清代几度浮沉的历史。第四组学员关注的是叶氏宗祠边上的一个小祠堂——"葆守祠"，这个小祠堂与一个婢女的故事有关，她含辛茹苦地养育主家儿子，却不能进入宗祠受祭拜。第四组学员关注的焦点由此转向了地方传说和性别史的问题。而第一组学员则受到独山村的地理自然环境启发，抓住了墓志铭和族谱中关于木业经营的只言片语，从而追踪到山区社会的生计和

翻阅族谱文献（王永曦摄）

经济问题，以此作为这几天短暂研究的主题。

选题的多样性是地方社会历史的真实呈现。与西乡的几个村落不同，遂昌东乡属于瓯江流域，这里曾是中国历史上最重要的银产区。银矿的开采不仅涉及地方社会，也将这里与明代历史上重要的矿乱事件联系起来。学员们考察了唐代、明代的矿洞。然而从这些条件艰险，被明清朝廷视为矿盗、矿民丛聚为乱的山上下来不远，就是盛极一时的长濂村。这里显然是一个经过士大夫精心设计和维持的聚落。田野导师带领学员们调查了郑氏宗祠，在田野中读碑，两块明代嘉靖年间的碑刻反映的正是大礼议后地方社会发生的具体变化。宗祠与矿洞，勾勒出这里明代地方社会不同的面相。

正如刘永华老师总结的，这个地区有来自很多不同地区的移民，人的这种流动背后也是文化流动的一个过程，这使这个山区的文化表现出相当的多元性。这是几天的田野调查中，我们具体真实的感受。

正是因为田野是一个立体的空间，一个每天上演的剧场，所以我们才有机会看到人与社会的不同面相。即便历史已经隐藏在这个 21 世纪的场景之后，现场还是给我们更多机会去触摸那曾经存在的不同侧面。它们不仅存在于那些碑谱文献中，而且一直鲜活地存在于生活着的人们的记忆中。

田野会消失吗?

从独山村溯乌溪江而上，就到了遂昌西乡曾经最重要的商业集镇——王村口。这里上通闽府，下达衢杭，每逢农历四、九之日，包括独山村在内的周边乡镇的人们都要去赶集。明清以来的王村口以山林经济和交通运输业为主，围绕着木材、木炭，生活着山主、山客、水客、排工等群体，由于来往人群众多，甚至形成许多帮派。20世纪70年代修通公路，木材开始用陆运，人们的生产生活方式也发生了巨大转变。

与独山村不同，这里由于人口流动大，不仅姓氏庞杂，移民来源范围广，而且存在多种不同的信仰，既有流行于遂昌西乡的蔡相、四相公信仰，也有来自徽州、福建的五显和妈祖信仰，其中以天后信仰最具影响力。始建于乾隆五十九年（1794）的天后宫，是福建商人的会馆，也是现在镇上最重要的祠庙，每年三月的天妃巡游也是这里最热闹的民俗活动。尽管我们没有赶上"三月会"的会期，而且镇上的多个重要庙宇，如蔡相庙、五显庙等已经改为他用，甚至整个镇的面貌也因为近年来的开发、改造而发生了很大变化，但是学员们仍然通过访谈去了解这个古镇的历史，去寻找镇人的历史记忆。在这里，我们听到商人的故事，听到排工的故事，听到纤夫的故事，听到守庙人的故事，听到雕刻神像的师傅的故事；他们讲祖辈留下来的传说，他们讲自己的青春岁月、艰辛过往，近日的生活和明日的期许⋯⋯

在这十数年的历史人类学高级研修班的田野调查中，我们其实一路在见证城市化对乡村的改造，见证时间的那种摧枯拉朽的力量。我们也一直在问，田野会消失吗？十数年下来，我们知道，寺庙可能会消失，族谱、契约、石碑都可能会消失，甚至整个村落也可能会消失，但是，田野不会。因为，田野就是人以及人们的传承和创造。就像科大卫老师在最后一天的论坛上说的："其实一直以来没有哪个社会是一直不变的，我们读历史的人非常明白。每几十年，真的去读一个地方的历史，它都在变；当地文化也在变，文化也有很多交流的部分。重点是我们要尊重当地人，本地文化是他们的文化，因为他们才有这个权利去决定它的文化是什么样的。我们来到这里，我们唯一可以做的，就是好好地、谦虚地去观察。这是我们作为学者，尊重当地人、尊重当地文化的一个表现。我们的目的是了解明白，为什么遂昌当地人有兴趣这样做。这才是我们的工作。历史在变，文化也在变，最重要的是尊重当地人的意见，只有他们才有权决定地方文化的面貌。"

我们的田野，我们在田野中提出的问题，也应该以尊重当地人的知识、尊重他们的变化为前提。田野不会消失，但是，我们要改变自己。

一种信仰，一场仪式

通过在独山村、王村口的考察，我们已经知道，遂昌的西乡有一种特殊的地方信仰——对"蔡相"的崇拜。它是独山村的"社主"；在王村口镇，与外来的天后、五显不同，蔡相是本地土神的代表。但蔡相并不是一个神，而是二十四个神！二十四个异姓兄弟在山中砍木，从蔡相岩跳下成仙，这个故事在西乡广泛流传。明清至近代，奉祀蔡相的庙宇遍布西乡，还形成了迎神赛会等民俗活动。顺着这个线索，学员们来到了乌溪江的两条支流上，考察蔡相信仰最为兴盛的

蔡相巡游中的信众（王永曦摄）

蔡源和石练。学员们调查发现蔡源蔡王殿现存一个弘治年间的香炉,结合县志、宗谱等文书中的记载,推定至晚在明代,蔡相已经在西乡分布,并且具有一定的影响力。

位于练溪盆地的石练镇,在研修班期间正在举行七月秋赛会,村民们从石练蔡相庙抬出蔡相大帝的神像,在练溪流域境内巡游十七天,路过十六个坦,每坦停留一日。浙江大学的李扬同学在当地做过较长时间的研究,他事先给大家做了背景介绍,并根据巡游图,做了分组的考察计划。我们考察的前一天,神轿和仪仗到了黄墩村,第二天早上七点巡游队伍会从黄墩出发,跨过练溪,去往宏岗村。根据计划,全体学员在 8 月 25 日早上六点就从宾馆出发了,当天雨一直下个不停。黄墩村的人说,这也是"传统",每年蔡相到村子里的那天是一定会下雨的!我们跟着送神迎神的队伍在雨雾中一路走,看红色的神轿和艳丽的彩旗在碧绿的山谷田间穿行;看每一个聚落、每一户家庭点起蜡烛,摆出隆重的路祭;看师公脚踏罡步,牛角声和鼓点湮没在震耳欲聋的鞭炮声中;看虔诚的妇女在村口迎神,持香跪拜下去……

我们每一个人沉浸在这样的气氛中,都会感动。连瑞枝老师说:"这一幕让我感觉整个山水都是我们的剧场。所有的老百姓都在很认真地在这里面巡行,表达自己的想法。而且它有自己的制度,还有忍辱负重的那一面。一个老先生,

赵世瑜教授分享田野调查经验（王永曦摄）

拿着两个旗杆，我走到他旁边，觉得他走得很辛苦，就问他：'我可不可以帮你拿一个旗杆？'他摇摇头。后来旁边的年轻人跟我讲，不行，这是他帮他夫人拿的。后来我们都读了碑文，才知道那旗杆是怎么一回事——那些有份的人是要交钱的……当地人都知道他们在干什么，他们有他们的权利和义务，还有他们的策略。所以在这个乡村里面，我们看到，这个社会一直有这样一群人用各种各样的方法去想他自己的未来，表达他自己的情感，我觉得这是个大剧场。"

下午学员分成四个组，按计划分别对各个坦进行调查。虽然时间仓促，任务艰巨，天气恶劣，但是大家还是找到了碑刻、族谱等很多田野资料，访谈了仪式专家、赛会组织者、普通村民等许多田野报道人。走访村落的目的，是让我们能够去深入考察上午让我们心潮起伏、沉浸其中的仪式，探讨其背后的社会组织框架、人群结构、经济背景，最后去思考与信仰、仪式相关的整个流域社会的历史脉络。我们第三组最后的研究报告就是围绕着蔡相信仰和七月会展开的。

在晚上的讨论中，郑振满老师提醒大家关注在这个信仰仪式活动背后的人群，这个流域社会中不同时期不同宗族的势力，"他们在处理的不仅是一个仪式的问题，其实在很多地方都是公共事务。特别是官氏和毛氏，明清时代他们控制了这里很多的资源：水利、土地、桥梁渡口、教育等等。元沙庙现存的碑刻，大家看一下就知道了，主要出钱的人就是官氏和毛氏。当然，后来也有很多的捐款。你会看到表象背后的社会有一个变化的过程"。郑振满老师和赵世瑜老师都一再强调文献跟田野的结合，从而了解信仰和仪式传统背后的社会与人群："历史人类学高级研修班，一个最初的目的就是要到当地去读文献。可能我们学科背景不太一样，但是这是一个十分有效的方法。另外一个是这个社会的人情，这个社会的人情关系也很复杂。很多庙、仪式的变化，背后往往是人群的变化。"

从田野到历史

历史人类学高级研修班向来以高强度的训练为传统。密集的理论、方法论学习，即时的田野考察，每天晚上的文献研读、田野总结，让学员在有限的时间里最大可能地了解、实践历史人类学的方法。8 月 26 日上午，"遂昌县历史与民俗文化论坛"举行，这也是研修班的成果汇报。我们的学员交出了一份让人满意的答卷。贺喜老师针对各组学员的总结评议，提出了一些具体而中肯的建议，特别是如何从多元

田野考察后当晚研读文献（贺喜摄）

浙南山乡间的行走、阅读与思考　　　　　　　　　　393

的材料（文献、仪式、口传、建筑物的形式等等）中梳理出地方历史的脉络，进而捕捉到关键历史节点的变化，并把地方历史放到宏观层面去思考。

刘志伟老师随即为我们做了示范，他说："从宋元以后，特别是到了明清，山地经济和周边大的（全国性、国际性）市场的经济变化，使得这里的经济日趋多元，生态环境和生计都变得很多元化。今天同学们提到，山区不仅有矿业、种蓝、开山和种茶，一些地方还种水稻。住在这样的一种山区环境里，有很多外来的人，社会变得非常有流动性。很多人在这里开创了新的生活空间、新的经济领域，同时当然也面对很多秩序的冲击，甚至偶尔还会出现动乱。对于乡村来说，秩序的重建，一直都是遂昌的人民、官员所要面对和解决的问题。在我们跑田野的这几天可以看到，当地人形成了一套非常好的社会的调适机制。首先看到，明代当地的制度是都图里甲，清代变成了庄，现在再看到的是坦、社、村。这说明，国家制度在当地运行的同时也发展出了不同的系统。在回顾历史的时候，它们互相之间怎样结合、互动，怎样形成了一些稳定的结构？我们同学昨天的讨论，有许多谈到了坦和村、社的关系；其实还有很基本的问题：所谓行政村，也就是人民公社时候的大队，变成村这样的结构。所有这些东西，我认为都是地方的机制和政府的建制怎么互动，这两个方面怎么样结合的问题。这种机制何在，是值得追问、研究和重视的。这个当中有一个很重要的点就是，地方必然走自我建构的这样的一个机制，这种机制很大程度上是立足于不同的地方、不同的人群、不同的经济类型，它会形成不一样的形式。我们要能够容纳它的这种多元性。"

尽管我们做了一些前期的准备工作，但两三天的考察，自然只能获得一点浮光掠影的印象，这并不是真正的田野，毋宁说，这只是一种田野的体验。这些体验中，既有如何发现碑刻、寻访族谱、开展访谈等技术经验层面的部分，也有怎样捕捉、整合田野中那些零散碎片，与我们原有的王朝历史、区域历史的认识相对照的部分。既要利用后一种手段帮助我们系统化、结构化田野中获得的信息，更重要的是还要反过来用田野中的观察、见闻和民间文献去反思，破解王朝历史这种僵化的、常常也是单一视角的历史叙事。

在为期一周的授课和田野考察中，几乎每一位老师都在反复强调对当地人的尊重，对他们创造的知识和文化传统的尊重，对他们建构和改变地方制度的尊重，对他们自己选择的生活方式和表达方式的尊重。从顾颉刚先生的妙峰山开始，每一代历史人类学的学者都努力将文献联系田野，在其中发现更广大的生活。无论地方文书的生产还是日常劳作或是仪式、信仰等等，都是乡村的普通人生活不可或缺的一部分。

历史人类学真正试图关心的是最广大的民众，用人的视角去看人，试图了解他们的生存环境、他们的语言，想他们所想，关心他们所关心，将文献放回其所生产的环境中解读，将历史回归到现场，或许这才是田野的意义，也是历史人类学高级研修班举办的目的所在。

（李扬，浙江大学历史学系博士候选人，第十二届学员）

◎ 编后记

赵世瑜

　　历史人类学高级研修班自 2003 年开始举办以来，至 2018 年，共举办了十二届。在这个过程中，随着相关刊物和论著的出版，各高校相关课程的开设，相关主题的讲座在线上和线下的相继举行，历史人类学的基本理念和实践已广为人知，最早的授课者和指导者大多已经或接近退休，所以这个班的历史使命已经完成。

　　在《我与"华南学派"》一文中，我曾简略提及这个班的缘起，也说过这个班将来会在中国现代学术史上据有一席之地，因为这样一种人才培养的做法（后来也多称为"田野研习营"）在当时还是不多见的。近几年，我萌发了编一本书的想法，就是由当年研修班的学员写一点参加了这个班之后的心得体会，一是为了留下一点当年的记忆，二是为学术史留点个性化的资料，更重要的是，希望更为年轻的一代读了这些充满感情又不乏理性思考的文字之后，能够接过老师和学长们的接力棒，在亲身体验生活的同时重新理解历史的路上继续前行。

在2020年上半年的新冠肺炎疫情将人们限制在一个狭小的空间，使我们无法像往常那样时刻拥抱真实的生活世界的时候，我向部分当年的学员、工作助理、田野导师发出了约稿邀请（原谅我没有能力与所有的参与者进行联系，即使能够联系上，也没有能力编辑和出版数百人撰写的作品），他们很快便给了我积极的反馈，并在不长的时间内完成了任务。他们虽然大多比我年轻，但恰恰因此，家庭和工作的压力比我大。我很感谢他们克服困难，帮我圆了这个梦想。同时我也发现，仅仅过去了十几年的时间，较早几届的学员对当时经历的记忆就已经模糊了，如果不利用这个机会逼迫他们回想，恐怕那些经历就会随风而逝了。

由于这个班延续了十几年，所以作者的年龄、辈分都已经不同。他们的记忆、关注点和希望表达的东西当然有很大差别，更不用说叙事的风格了。我在编辑的过程中，并没有刻意地进行统一化的处理，而是完全保留原来的风貌。所以书中既有很活泼潇洒的文字，也有很严肃认真的风格；有的集中于当年的学术训练，有的顾左右而言他。我觉得这恰恰是一种常态，他们从不同的角度描绘了我们历史人类学班的全貌——在学术上是认真而有追求的,同时又是充满生活情趣的。如果不是这样,也许依然可以做一个很好的历史学家,但却不能做一个很好的历史人类学家。

我很感谢耶鲁大学的萧凤霞教授。很多作者提到这个班是不用学员交纳任何费用的,所有食宿、交通、参观等费用都由主办方提供,但大家可能不知道其主要经费来自萧凤霞教授在香港大学成立的人文社会研究所,后来该所又由梁其姿教授绍续。在那个年代,没有这笔经费,我们这个班就无法举办和持续,也就没有了本书中的所有回忆。

还有很多为这个班的顺利举办劳心费力的人,从一开始的香港大学人文社会研究所的行政助理孙文彬,到后来做了大量保障工作的中山大学历史人类学研究中心行政助理黄晓玲,从发"广告"开始,到食宿旅行的安排,再到最后的票据报销,事情非常烦琐,需要极大的耐心。在我负责承办的六届中,我的许多博士生、硕士生则承担了这些工作,他们并非正式学员,虽然也想听讲座,但却要去做事务性的工作,所以在他们的回忆中,缺少了别的学员经历的细节,没有参与讨论的机会,甚至没有可能写这样的回忆。我想,在中山大学和厦门大学负责承办的几届中,也有当时的学生做出了大量无私的奉献,就让我在这里,代所有当年的老师和学员,向他们道声谢吧!

我很高兴亲手给本书的所有文字做初步的文字编辑和插

图工作，这让我边读作者们的文字，边沉浸于对往事的追忆。抱歉的是，因为有的作者写得太长，甚至神飞天外，我不得不狠心删减，或者因为按照规矩增加标点，改变了有的作者一贯独特的语言表达风格。文章的顺序是按照每期培训班举办的先后排列的，同期学员的文章先后则是随意的，相信作者们也都不会在意。我也很高兴北京师范大学出版社的策划编辑宋旭景同意将此书纳入"行者系列"。作为第八届的工作助理，她也应该乐于读到书中的文字吧。

　　对于高级研修班的"创班"老师们，我就不专门点名致谢了，因为感谢他们，仿佛就在感谢自己，这颇有些令人难为情。何况在本书的文字中，提到我们这些人名字的次数已经太多了，让我不仅难为情，而且颇为尴尬，仿佛我编这本书，是为我们自己树碑立传。不过，从某种意义上说，本书也是一个见证。它见证了我们这批人逐渐离开三尺讲台的开始，见证了中国的历史人类学研究的第一页已经翻过，而新的一页已经翻开。

写于 2020—2021 学年

新学期开学之际

　　（赵世瑜，北京大学博雅特聘教授、中国民间文艺家协会副主席、北京市文联副主席）

图书在版编目（CIP）数据

"乡校"记忆：历史人类学训练的起步/赵世瑜主编. —北京：北京师范大学出版社，2021.11

（行者系列）

ISBN 978-7-303-27287-7

Ⅰ.①乡… Ⅱ.①赵… Ⅲ.①社会人类学－调查研究－人才培养－中国 Ⅳ.①C912.4

中国版本图书馆 CIP 数据核字（2021）第 194572 号

营 销 中 心 电 话	010-58805385
北 京 师 范 大 学 出 版 社	http://xueda.bnup.com
主题出版与重大项目策划部	

"XIANGXIAO" JIYI

出版发行：北京师范大学出版社　www.bnup.com
　　　　　北京市西城区新街口外大街 12-3 号
　　　　　邮政编码：100088
印　　刷：鸿博昊天科技有限公司
经　　销：全国新华书店
开　　本：130 mm×200 mm　1/32
印　　张：12.875
字　　数：246 千字
版　　次：2021 年 11 月第 1 版
印　　次：2021 年 11 月第 1 次印刷
定　　价：69.00 元

策划编辑：宋旭景	责任编辑：岳　蕾
美术编辑：王齐云	装帧设计：王齐云
责任校对：段立超　王志远	责任印制：陈　涛　赵　龙